STEPHANIE ROSE

Garten-Alchemie

Haupt
NATUR

STEPHANIE ROSE

Garten-Alchemie

80 Zaubermittel für blühende Pflanzen und reiche Ernte

HAUPT VERLAG

Die englische Originalausgabe erschien 2020 bei Cool Springs Press, einem Imprint von The Quarto Group, unter dem Titel *Garden Alchemy. 80 Recipes and Concoctions for Organic Fertilizers, Plant Elixirs, Potting Mixes, Pest Deterrents, and More*

Gestaltung: Laura McFadden
Layout: Sporto
Fotografie: Stephanie Rose

Wir gehen davon aus, dass alle in diesem Buch beschriebenen Angaben und Empfehlungen richtig sind. Trotzdem können weder Autorin noch Verlag irgendwelche Haftung für etwaige Schäden übernehmen.

Aus dem Englischen übersetzt von Frauke Bahle, D-Merzhausen
Satz der deutschsprachigen Ausgabe: Die Werkstatt Medien-Produktion GmbH, D-Göttingen
Umschlaggestaltung der deutschsprachigen Ausgabe: Tanja Frey, Haupt Verlag, CH-Bern

Umschlagabbildungen
Vorne: Shutterstock/Zolnierek
Rücken: Freepik.com
Hinten: Stefanie Rose

Diese Publikation ist in der Deutschen Nationalbibliografie verzeichnet.
Mehr Informationen dazu finden Sie unter http://dnb.dnb.de.

ISBN 978-3-258-08221-9

Printed in China

Um lange Transportwege zu vermeiden, hätten wir dieses Buch gerne in Europa gedruckt.
Bei Lizenzausgaben wie diesem Buch entscheidet jedoch der Originalverlag über den Druckort.
Der Haupt Verlag kompensiert mit einem freiwilligen Beitrag zum Klimaschutz die durch den Transport verursachten CO_2-Emissionen und verwendet FSC®-Papier aus nachhaltigen Quellen.

Swiss Climate CO_2neutral Transport

FSC www.fsc.org MIX Papier aus verantwortungsvollen Quellen FSC® C008047

Wir verlegen mit Freude und großem Engagement unsere Bücher. Daher freuen wir uns immer über Anregungen zum Programm und schätzen Hinweise auf Fehler im Buch, sollten uns welche unterlaufen sein. Falls Sie regelmäßig Informationen über die aktuellen Titel im Bereich Natur & Garten erhalten möchten, folgen Sie uns über Social Media oder bleiben Sie via Newsletter auf dem neuesten Stand!

www.haupt.ch

Widmung

Für all jene, die die Natur lieben
und zum Wohl aller ihr Wissen teilen –
bitte lehrt weiter.
Wir hören euch zu, lernen
und wachsen mit euch.

Inhalt

Einführung

Als ich anfing zu gärtnern, traf ich einen Mann, der zwar viele Pflanzen, aber kaum Land besaß. Er betrieb eine Gärtnerei in einem Hinterhof. Sie gehörte einer Wohltätigkeitsorganisation, die suchtkranken Menschen half, sich Fähigkeiten im Gärtnern und im Landschaftsbau anzueignen. Gemeinsam pflegten sie einige Gärten in der nahen Umgebung. Dort baten sie die Besitzer, Stecklinge von einigen Stauden nehmen zu dürfen, um sie einzupflanzen und zu verkaufen. Als ich den Mann traf, war sein Hinterhof von den Pflanztöpfen derart überschwemmt, dass er einen neuen Ort für seine Gärtnerei suchte. Ich bot ihm meinen Vorgarten an und machte mich daran, meinen Rasen aufzuhacken, um neue Beete zu schaffen.

Dann kamen die Pflanzen.

Es waren 300 Töpfe mit Erde, aus der grüne Blätter lugten. Ohne Etiketten. Ohne Blüten. Ohne jegliche Information über die jeweiligen Pflanzen. Ich hatte damals keine Ahnung von Ansprüchen an Licht und Feuchtigkeit, von Platzbedarf, Aussehen oder Blütezeiten. Daher legte ich den Garten quasi im Blindflug an. Ich begann damit, die Pflanzen, die ich an ihren Blättern erkennen konnte, an eine Stelle zu pflanzen, die mir passend erschien. Funkien waren leicht zu bestimmen – ich gruppierte sie mit allen anderen Pflanzen mit breiten gezeichneten Blättern in den Schatten. Ich wusste auch, wie Irisblätter aussehen, und pflanzte alle aufrechten, grasähnlichen Vertreter in die Sonne. So verfuhr ich mit allen Pflanzen, die ähnliche Blätter zeigten, bis ich alle 300 Exemplare in der Erde hatte.

Wie durch ein Wunder überlebten fast alle Pflanzen. Hier und da gab es Überraschungen, etwa wenn eine Pflanze immer größer und größer wurde und sich als zweieinhalb Meter großer Purpur-Dost entpuppte. Der Dost wurzelte so tief, dass ich die benachbarten Pflanzen ausgraben musste, um ihnen an einem anderen Ort mehr Raum, Licht und Nahrung zu verschaffen.

Bei meinen täglichen Rundgängen achtete ich darauf, was mir die Pflanzen zu lehren versuchten. Die Blattfarbe deutete an, wie sie sich in Bezug auf nächtliche Temperaturen und Bodenqualität fühlten. Hängende Blüten teilten mir ein Bedürfnis nach Wasser oder Schatten mit. Meine Schützlinge wuchsen tapfer weiter und gaben nur dann auf, wenn die Bedingungen gar zu widrig waren. Wenn ich auf sie hörte und entsprechend reagierte, kamen sie meist wieder auf die Beine.

Es half mir sehr, auch die gesunden Pflanzen unter die Lupe zu nehmen. Welche gediehen und was sagte das über den Boden aus? Unkräuter werden so oft für ihre Hartnäckigkeit verdammt, dabei können wir von ihnen viel über den Boden lernen. Pfahlwurzeln beispielsweise lockern den verdichteten Boden in der Tiefe und nehmen dort Mineralien auf. Damit sagen sie uns, dass unser Mutterboden zu sehr verdichtet und wenig fruchtbar ist.

Als ich meinen Stadtgarten für das Projekt anbot, ahnte ich nicht, was auf mich zukommen würde. Jetzt bin ich unendlich dankbar, denn ich habe viel über Pflanzen, den Boden und wechselseitige Abhängigkeiten in der Natur erfahren. Mein Wissen als Gärtnerin stammt aus vielerlei Quellen, vom Klassenzimmer bis zur Feldstudie – lebendig wurde es, als ich begann zu experimentieren. Und meine großzügigsten und geduldigsten Lehrer waren die Pflanzen.

Was ist Garten-Alchemie?

Die Geschichte der Alchemie steckt voller Kontroversen. Unermüdlich arbeiteten die Alchemisten an der Transmutation – bekanntlich ohne dass es ihnen gelang, Metalle in Gold zu verwandeln. Doch jeder, der schon einmal versagt hat, weiß, wie viel man trotz allem dabei lernt. Und so erfuhren auch die Alchemisten durch ihre Experimente eine Menge über die Natur. Sie untersuchten natürliche Prozesse, um zu verstehen, wie die Dinge funktionieren. Zwar ließen ihre Forschungsergebnisse noch viel Raum für Interpretationen, aber die Untersuchungsmethoden, die sie anwendeten, können uns ein tieferes Verständnis der natürlichen Prozesse in unseren Gärten vermitteln.

Alchemisten suchten nicht nur nach Gold, sondern auch nach dem Allheilmittel gegen Krankheiten und für das ewige Leben. Wieder ist es ihr Misserfolg bei diesen hochgesteckten Zielen, der uns einiges über das Gärtnern lehrt. Die meisten Gärtner hätten gerne eine Universalformel für den Erfolg im eigenen Garten. Aber leider existieren unzählige widersprüchliche Studien und auch die Experten sind sich oft nicht einig. Was sagt uns das?

Es gibt weder Zaubertrank noch Geheimrezept, mit dem jeder Garten einfach perfekt wird (obwohl Kompost ganz nah heranreicht!). Die meisten Gärtner haben dann den größten Erfolg, wenn sie erst einmal eine Zeit lang beobachten und ausprobieren. Sicher ist es sinnvoll, Bücher zu wälzen und zu studieren. Aber wenn Sie wirklich wissen wollen, wie Sie in Ihrem Garten am besten vorgehen, müssen Sie sich die Hände dreckig machen.

Hier kommt die Garten-Alchemie ins Spiel. Ob Sie erst frisch einsteigen oder schon viele eigene Tomaten gezüchtet haben – in diesem Buch finden Anfänger wie Profis eine Vielzahl von Rezepten, Präparaten, Experimenten und Projekten für den Garten. Immer diente die Natur als Leitfaden: Alle Rezepte bauen auf dem Fundament auf, das Mutter Natur geschaffen hat.

Beginnen Sie mit Ihrer Garten-Alchemie, indem Sie die Bodenqualität testen wie in Kapitel 1 dargestellt. So lernen Sie den Boden in Ihrem Garten kennen. Dann können Sie mit den Rezepten verfahren wie bei einem Kochbuch: Probieren Sie aus, was Sie interessant finden. Manches wird bereits im Frühling zur Pflanzzeit aktuell, andere Rezepte oder Projekte kommen im Sommer oder Herbst zum Zug. Es wird nicht lange dauern, bis Sie erste eigene Ideen entwickelt haben, wie sich Ihr Garten in ein grünes und blühendes Paradies verwandeln lässt.

KAPITEL 1

Erde und Mulch

Den Boden kennenzulernen, ist der erste Schritt hin zu einem gesunden und produktiven Garten. Es reicht nicht, den Nachbarn zu fragen, denn Ihr Boden kann sich von den angrenzenden Gärten unterscheiden. Selbst innerhalb der Grundstücksgrenzen muss er nicht überall gleich sein. Und er kann sich mit der Zeit verändern.

Es mag naheliegen, erst einmal eine Fuhre neue und teure Gartenerde zu beschaffen und damit ganz neu anzufangen. Aber diese Strategie kann etliche Herausforderungen bergen. Mutterboden oder Gartenerde, die es in Säcken zu kaufen gibt, stammt aus unterschiedlichen Quellen und kann alle möglichen unerwünschten Dinge enthalten, etwa Pflanzenschutzmittel, Unkrautvernichter oder Plastik. Erde mit schlechter Qualität im Garten auszubringen, kann einen Schaden anrichten, den Sie unter Umständen über Jahre nicht beheben können.

Selbst wenn Sie gute Qualität erwischen und die Pflanzen im ersten Jahr rasant durchstarten – die schnell verfügbaren Nährstoffe sind schnell aufgebraucht. Danach müssen Sie den Boden Jahr für Jahr aufbessern, bis er reich an organischem Material und kleinen Lebewesen ist, die einen lebendigen Boden charakterisieren. Ein günstigerer und sinnvoller Weg ist es, von vorneherein mit dem Boden zu arbeiten, der im Garten bereits vorhanden ist. Aber bevor Sie damit beginnen, sollten Sie ihn genau untersuchen.

Nehmen Sie sich etwas Zeit, um Ihren Boden kennenzulernen – seine natürliche Struktur, den pH-Wert und seine Gesundheit zu erkunden. In diesem Kapitel finden Sie einige einfache Tests zur Bewertung Ihres Bodens. Dies ist die Grundlage für einen gesunden, regenerativen und blühenden Garten. Zu lernen, mit dem zu arbeiten, was Sie haben, ist eine Fähigkeit, die Ihnen auf lange Sicht Zeit, Energie und Geld spart.

Untersuchen Sie Ihren Boden

Es gibt einfache Tests, mit denen Sie Ihren Boden zu Hause selber untersuchen können. Sie geben Auskunft über die Zusammensetzung und den pH-Wert des Bodens in Ihrem Garten. Dieses Wissen bildet die Basis für die nachfolgenden Rezepte.

Wer mit dem vorhandenen Boden arbeitet, anstatt seine Natur zu bekämpfen, kann mit seinem eigenen Stück Land in Beziehung treten. Dazu brauchen Sie nur einige wenige Informationen über den Boden. Dann werden Sie lernen, was in Ihrem Garten funktioniert und was keine Aussicht auf Erfolg hat. Sie werden verstehen, warum einige Pflanzen sofort beginnen zu wachsen, während andere trotz aller Fürsorge nicht recht Fuß fassen können.

Diese Strategie ist in den meisten Fällen erfolgreich. Wenn sich aber Probleme ergeben, die sich trotz aller Anstrengungen nicht lösen lassen, kann eine detailliertere Laboranalyse weiterhelfen. Sie bestimmt weitere Parameter wie Nährstoffe, Giftbelastung und Bodenlebewesen.

Einfacher Ausrolltest

Diesen einfachen Test machen Sie direkt im Garten: Nehmen Sie eine Handvoll Erde, formen Sie eine Kugel und versuchen Sie, sie zur Wurst auszurollen:

- Die Erde bleibt kompakt: toniger Boden
- Sie fällt etwas auseinander: lehmiger Boden
- Die Erde zerbröselt komplett: sandiger Boden

Eine Bodenprobe nehmen

Um eine Bodenprobe zu nehmen, graben Sie an drei bis fünf verschiedenen Stellen im Garten je ein 7–10 cm tiefes Loch. Geben Sie aus jedem Loch etwas Erde in eine Schüssel und mischen Sie sie. Berühren Sie die Erde nicht mit den Händen, um den pH-Wert nicht zu verändern. Graben Sie das Loch mit einem Spaten oder einer Handschaufel, die Proben entnehmen und mischen Sie mit einem Löffel.

Zusammensetzung des Bodens

Erde besteht aus Sand, Schluff und Ton. Sind diese drei Korngrößen ausgewogen vorhanden, spricht man von Lehm. Lehmiger Boden ist ideal, denn er ist gut durchlüftet, hält Nährstoffe und Wasser fest und ist gleichzeitig gut drainiert.

So gehen Sie vor

Lehm besteht aus 40 Prozent Sand, 40 Prozent Schluff und 20 Prozent Ton.

- Sand hat die größte Partikelgröße: 0,05–2 mm im Durchmesser
- Schluff hat mittelgroße Partikel: 0,002–0,05 mm im Durchmesser
- Ton hat die kleinsten Partikel: unter 0,002 mm im Durchmesser

Machen Sie die Schlämmprobe, um die Zusammensetzung Ihres Bodens zu bestimmen. Dazu befüllen Sie ein Einweckglas zu etwa einem Drittel mit Erde. Mit Wasser auffüllen und fest schließen. Nun das Glas gut durchschütteln und über Nacht stehen lassen. Am nächsten Morgen werden bis zu vier Lagen sichtbar sein (von unten nach oben): Sand, Schluff, Ton und Wasser.

Ergebnisse

Messen Sie die Schichtdicken und berechnen Sie die prozentualen Anteile. Auch das Wasser gibt Auskunft über die Zusammensetzung des Bodens:

- Das Wasser wird schnell klar: Der Boden besteht überwiegend aus gut drainierendem Sand.
- Das Wasser ist zunächst trübe, klärt sich aber innerhalb kurzer Zeit: Der Boden besteht aus Lehm.
- Das Wasser ist auch nach Stunden noch trübe: Der Boden besteht überwiegend aus Ton.

pH-Wert des Bodens

Der pH-Wert gibt an, wie sauer bzw. basisch etwas reagiert. Er variiert zwischen 0 und 14. Ein pH-Wert von 7 gilt als neutral, Werte von 0 bis 7 zeigen einen sauren, Werte von 7 bis 14 einen basischen Boden an. In der Regel liegt der pH-Wert von Böden zwischen 4,5 und 9.

Die meisten Pflanzen gedeihen gut bei neutralem pH-Wert (6,5–7). Ausnahmen bilden säureliebende Pflanzen wie Rhododendron und Heidelbeere (4,5–5,5). Andere wie Spargel und Wicken tolerieren auch pH-Werte knapp über 7. Einige kommen mit unterschiedlichen pH-Werten zurecht.

pH-Test mit Essig und Backpulver

Mit diesem einfachen Test bestimmen Sie den pH-Wert Ihres Bodens. Essig ist sauer, Backpulver (Natriumbikarbonat) reagiert basisch. Mischt man beides, sprudelt der Essig und bildet Bläschen. Verwenden Sie für diesen Test kein Leitungswasser, sondern destilliertes Wasser, das pH-neutral ist.

Material
2 Schälchen
4 Esslöffel Erde
destilliertes Wasser
weißer Essig
Backpulver

So gehen Sie vor

Geben Sie zwei Esslöffel Erde in ein Schälchen und befeuchten Sie sie mit einem Esslöffel destilliertem Wasser. Nun einen Esslöffel Essig zufügen und umrühren. Wenn die Mischung anfängt zu sprudeln, ist Ihr Boden basisch.

Mischen Sie im zweiten Schälchen zwei Esslöffel Erde und einen Esslöffel Wasser. Rühren Sie einen Esslöffel Backpulver unter. Beginnt die Mischung zu sprudeln, haben Sie sauren Boden. Bilden sich wieder keine Blasen, ist Ihr Boden neutral.

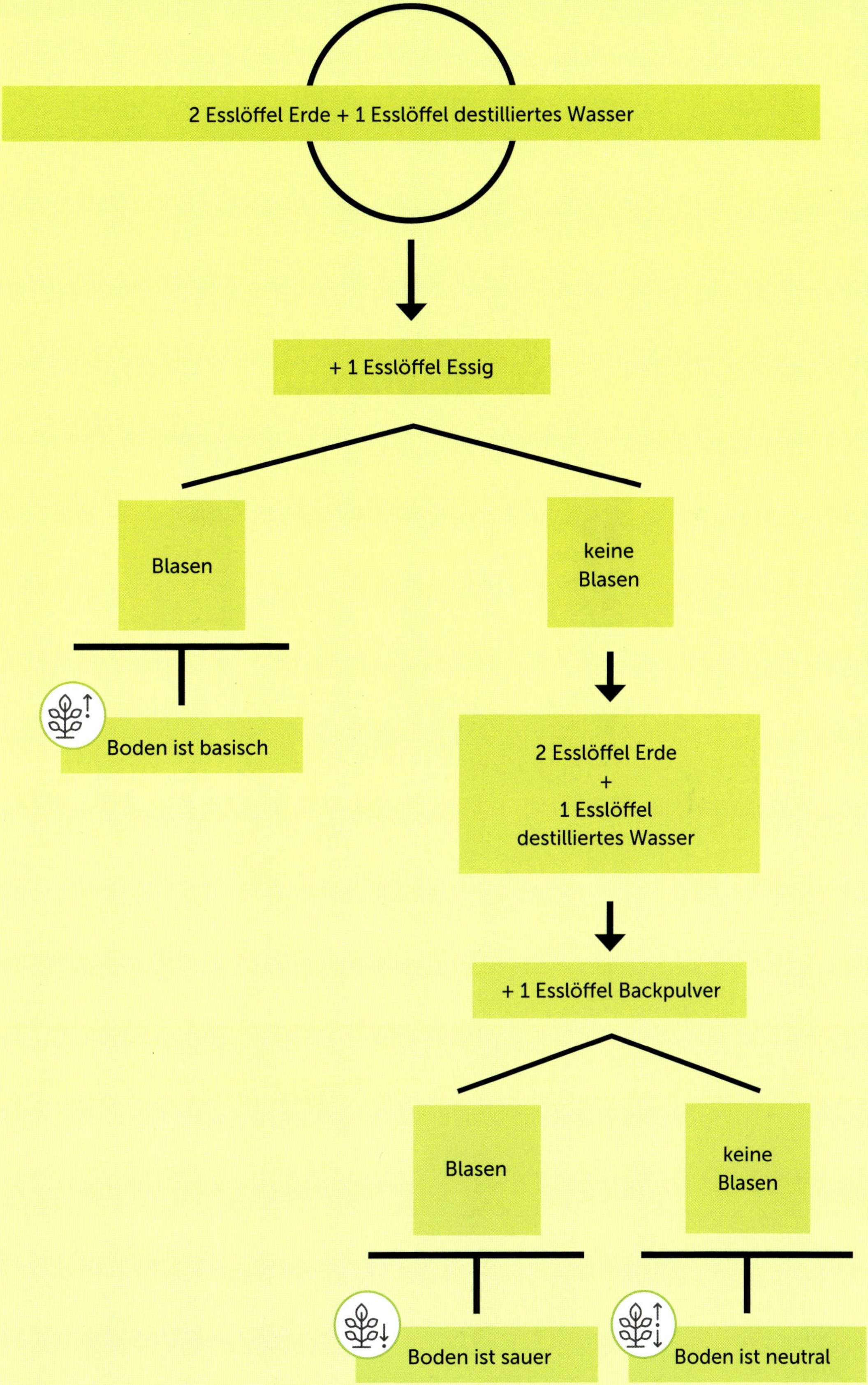
2 Esslöffel Erde + 1 Esslöffel destilliertes Wasser
+ 1 Esslöffel Essig
Blasen
keine Blasen
Boden ist basisch
2 Esslöffel Erde + 1 Esslöffel destilliertes Wasser
+ 1 Esslöffel Backpulver
Blasen
keine Blasen
Boden ist sauer
Boden ist neutral

pH-Test mit Rotkohl

Dies ist ein farbenfroher Test. Es sind Anthocyane, die dem Rotkohl seine Farbe verleihen. Diese Pigmente sind wasserlöslich und verändern ihre Farbe je nach pH-Wert: Saure Lösungen färben sich rosa bis rot, basische Lösungen werden grünlich gelb und neutrale bläulich violett.

Material
Kochtopf
700 ml destilliertes Wasser
1 Tasse (250 ml) fein gehackter Rotkohl
2 Einweckgläser
Bodenproben

So gehen Sie vor

1 Den Kohl im Wasser aufkochen und etwa zehn Minuten köcheln lassen. Das Wasser abseihen und abkühlen lassen.

2 Das Kohlwasser auf die Einweckgläser verteilen und je einen Esslöffel Erde einrühren. Lassen Sie die Gläser etwa 30 Minuten stehen, bevor Sie die Farbe beurteilen.

pH-Probe mit Testkit

Es ist eine Vielzahl von Testkits im Handel, mit denen Sie den Boden-pH-Wert testen können – von Papierstreifen bis zum elektronischen pH-Meter. Mit einigen Testkits lassen sich auch Lichtverhältnisse, Bodenfruchtbarkeit und Feuchtigkeit bestimmen. Für zu Hause genügt die einfachste und preisgünstigste Version: der Lackmustest. Das dafür erforderliche pH-Papier gibt es in Blöcken oder Rollen zu kaufen.

So gehen Sie vor

1 Mischen Sie eine Bodenprobe mit destilliertem Wasser für etwa 30 Sekunden.

2 Das pH-Papier an die Wasseroberfläche halten und etwa eine Minute warten.

3 Das Testpapier wird sich mit Wasser vollsaugen. Lesen Sie die Farbe dort ab, wo das Papier gerade nicht mehr mit Erdpartikeln verunreinigt ist.

Farbspiel mit Hortensienblüten

Hortensien (*Hydrangea macrophylla* oder *H. serrata*) gibt es in Farbschattierungen von Rosa über Lila bis Blau. Dabei kann dieselbe Pflanze unterschiedlich gefärbt sein, je nachdem, wie viel Aluminium sie aus dem Boden aufnehmen kann. Das wiederum hängt vom pH-Wert ab: Viel Aluminium in einem sauren Boden bringt die begehrten blauen oder lila Blüten hervor. Bei einem basischen pH-Wert liegt das Aluminium in einer Form vor, die die Pflanzen nicht aufnehmen können. Dann färben sich die Blüten eher rosa oder pink. Aber nicht alle Hortensien ändern ihre Farbe. Weiße bleiben immer weiß und einige Sorten sind so gezüchtet, dass sie ebenfalls ihre Farbe behalten.

Material

Für blaue Blüten:

½ Tasse (125 ml) Schwefel pro Quadratmeter

Für rosafarbene Blüten:

1 Tasse (250 ml) Gartenkalk pro Quadratmeter

Edles Blau

Blaue Farbtöne erzeugen Sie mit Dünger, der elementaren Schwefel oder Kalziumsulfat (Gips) enthält. Oder Sie verwenden einen organischen Dünger mit Baumwollsamenmehl. Oft wird empfohlen, den Boden mit Aluminiumsulfat aufzubessern. Das ist meist aber nicht notwendig. Pflanzen benötigen nur wenig Aluminium und zu viel davon ist giftig.

So gehen Sie vor

1 Verteilen Sie den Kalk bzw. Schwefel, um den pH-Wert zu verändern.

2 Für blaue Blüten alle drei Monate wiederholen, für rosafarbene alle zwei Monate.

Der pH-Wert des Bodens wird sich nach und nach ändern. Es kann bis zu einem Jahr dauern, bis die Pflanzen ihre Blütenfarbe anpassen.

Rezepte für Blumenerden

Blumenerde für Kübelpflanzen enthält meist keinen Gartenboden, sondern besteht aus einem Gemisch verschiedener organischer Materialien. So wie nicht alle Gartenpflanzen mit jedem Gartenboden zurechtkommen, so gedeihen auch nicht alle Kübelpflanzen in jeder Blumenerde.

Im Kübel oder Topf wurzeln die Pflanzen in vergleichsweise wenig Erde, daher sollte das Substrat möglichst leicht und durchlässig sein. Wasser und Nährstoffe sind im Kübel schnell aufgebraucht, daher ist es wichtig, dem Substrat Partikel beizumischen, die die Nährstoffe und das Wasser binden.

Für die Anzucht aus Samen ist eine Mischung aus feinen Partikeln und solchen, die die Feuchtigkeit binden, ideal. Aussaaterde sollte zudem steril sein, damit Bakterien und Pilze keine Chance haben. Dünger ist nicht notwendig, da die Keimlinge die Nährstoffe, die sie zur Keimung brauchen, schon im Samen vorfinden. Sobald nach den Keimblättern die ersten «echten» Blätter erschienen sind, ist es an der Zeit umzutopfen. Die neue Erde muss nicht steril sein, aber nährstoffreich, denn um richtig durchzustarten, brauchen die Pflänzchen jetzt viel Nahrung.

Zimmerpflanzen laufen – wie Kübelpflanzen auf der Terrasse und dem Balkon – Gefahr auszutrocknen. Daher sollten sie in einem Substrat stehen, das die Feuchtigkeit hält. Anders als im Freien sollten Sie für Zimmerpflanzen sterile Erde verwenden – sonst laden Sie womöglich ungebetene Gäste ins Haus ein, etwa Trauermücken, die sich im Substrat verstecken.

Die meisten Bestandteile von Blumenerde sind biologisch nicht aktiv. Eine Ausnahme bildet Kompost, daher sollten Sie ihn behandeln, bevor Sie ihn für Zimmerpflanzen verwenden. Dazu trocknen Sie den angefeuchteten Kompost in der Sonne oder backen ihn bei 80 °C für 30 Minuten im Ofen. Alternativ halten Sie nach bereits sterilisiertem Kompost im Handel Ausschau. Reste verstauen Sie in einem luftdicht verschlossenen Container.

INHALTSSTOFFE

LEGENDE

Nährstoffe:
ist nährstoffreich

Wasser:
hält Feuchtigkeit zurück

Drainage:
lässt Wasser abfließen

Luft:
sorgt für Durchlüftung

steril:
ohne Bakterien und Pilze

sauer:
mit saurem pH-Wert

pH-neutral:
mit neutralem pH-Wert

recycelt:
aus einem Abfallprodukt entstanden

DURCHLÄSSIGKEIT

Kompost

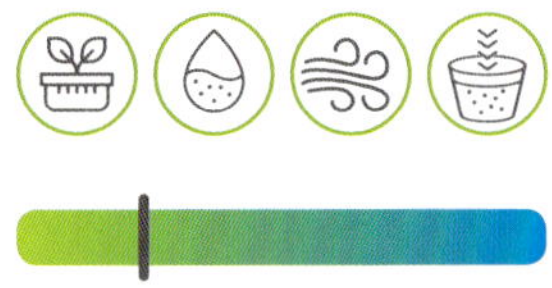

Gut gereifter und gesiebter Kompost bildet die Grundlage vieler Blumenerden. Er entsteht, wenn Bodenorganismen pflanzliches Material abbauen. Kompost ist rein organisch und belebt den Boden. Er hält die Feuchtigkeit und macht die vorhandenen Nährstoffe für Pflanzen verfügbar. Je nach Kompostiermethode und Ausgangsmaterial variiert die Qualität jedoch enorm. Herbstlaub beispielsweise ergibt einen eher nährstoffarmen Kompost. Zudem können Pestizide oder gar Plastik enthalten sein. Kaufen Sie hochwertigen Kompost oder stellen Sie ihn selbst her, indem Sie einen ausgewogenen Mix aus Pflanzenresten kompostieren.

Rindenmulch

Rindenmulch ist ein Nebenprodukt der Holzindustrie. Rinde zersetzt sich nur langsam. In das Substrat gemischt, verbessert sie die Struktur. So bleibt der Boden länger feucht und ist gut durchlüftet. Rindenmulch gibt es in verschiedenen Größen. Die großen Körnungen eigenen sich als Mulchauflage, die feineren (0,5–1,5 cm) können zur Bodenverbesserung in das Substrat eingearbeitet werden. Rindenmulch ist günstig und überall erhältlich. Für Wurzelgemüse und Aussaaterde ist er weniger geeignet.

Torf und Torfmoos

Als Torf bezeichnet man den Boden in Mooren. Er enthält besonders viel organische Substanz, insbesondere Reste von Torfmoosen (*Sphagnum* sp.). Torf oder das ebenfalls im Handel erhältliche Torfmoos durchlüftet tonige Böden, verbessert die Wasserspeicherung in sandigen Böden und bindet Nährstoffe. Daher wird Torf gerne zur Bodenverbesserung verwendet. Allerdings werden durch den Abbau von Torf Moore als wichtige Lebensräume zunehmend zerstört (siehe Seite 25).

Torfmoos reagiert sauer, mischen Sie daher pro Liter etwa einen Teelöffel Gartenkalk (3–4 ml) unter, um den pH-Wert anzuheben – außer bei säureliebenden Pflanzen wie Rhododendron oder Heidelbeere. Wenn Torfmoos austrocknet, kann es das Substrat so stark verfestigen, dass es kaum noch Wasser aufnimmt. Diese Versiegelung des Bodens, der saure pH-Wert und die Bedenken in Sachen Umweltschutz sind Gründe, sich im eigenen Garten für Alternativen zu entscheiden.

Kokosfasern

Wie Rindenmulch sind auch Kokosfasern ein Nebenprodukt der Industrie, sie fallen bei der Herstellung von Kokosöl an. Sie sind extrem leicht und halten die Feuchtigkeit im Boden. Daher bieten sie sich als umweltverträgliche Alternative zum Torfmoos oder zu Torf an (siehe Seite 25). Kokosfasern haben einen neutralen pH-Wert, binden die Nährstoffe aber nicht so gut wie Torf.

Für den Garten sind Kokosfasern als Kokossubstrat, Kokoshumus oder Kokoserde im Handel, allerdings in sehr unterschiedlichen Qualitäten. Bevor Sie größere Mengen beschaffen, probieren Sie ein paar Produkte aus.

Vermiculit

Vermiculit ist ein natürliches Mineral. Für den Garten wird es in Form von Granulat aufbereitet, das schnell Wasser aufsaugt. Vermiculit verbessert die Bodenstruktur, sorgt für Durchlüftung und hält die Feuchtigkeit im Boden. Das pH-neutrale Granulat ist häufig in Aussaaterde enthalten. Verwenden Sie speziell für den Garten hergestelltes Substrat (siehe Kasten auf Seite 24).

Reisspelzen

Reisspelzen oder -hülsen fallen beim Reisanbau an: Es sind die äußeren Hüllen der Reiskörner, die beim Dreschen entfernt werden. Die Spelzen werden durch Hitze sterilisiert, bevor sie als Bodenverbesserungsmittel angeboten werden. Sie sind leicht und werden im Garten schnell abgebaut, meist innerhalb einer Saison. Reisspelzen verbessern die Belüftung und Entwässerung des Bodens, halten gleichzeitig aber genug Feuchtigkeit zurück. Wer sie im Gartencenter nicht findet, probiert es beim Brauereibedarf.

Sand

Sand sorgt dafür, dass Regenwasser leicht abfließt und keine Staunässe entsteht. Sehr sandige Böden neigen allerdings zur Trockenheit, weshalb man Sand am besten mit organischem Material mischt. Vorsicht gilt bei schweren Böden: Es mag wie eine gute Idee erscheinen, tonige Böden mit Sand zu verbessern, aber Ton und Sand können fest miteinander verbacken, was die Durchlüftung und die Drainage erschwert. Besser ist es, tonige Böden mit organischem Material aufzuwerten. Verwenden Sie Gartensand – Sand vom Strand kann Salze, Glas und Plastik enthalten.

Sicherheit

Haben Sie schon mal einen Sack Blumenerde geöffnet und standen plötzlich in einer Staubwolke? Staub und andere Partikel einzuatmen, kann die Gesundheit gefährden. Daher ist es ratsam, Gartenhandschuhe und eine Schutzmaske zu tragen, wenn Sie Erde zusammenmischen, Pflanzen umtopfen oder frisch pflanzen. Alternativ können Sie das Substrat anfeuchten, bevor Sie es in Töpfe füllen und auf Beete streuen. Dann staubt es weniger und Sie atmen nichts ein.

Perlit

Perlit ist ein natürliches vulkanisches Glas, Obsidian genannt. Es ist extrem porös und daher sehr leicht. Wenn man es erhitzt, bläht es auf und sieht dann aus wie Styropor. Die Körnchen können viel Wasser speichern und belüften das Substrat, was dem Wurzelwachstum zugutekommt. Gut geeignet ist Perlit für Kakteen und andere Sukkulenten, Kübelpflanzen und Wurzelstecklinge.

Bims

Bims ist ein vulkanisches Gestein, das in der Natur reichlich vorkommt. Es kann dem Boden zugesetzt werden, um den Luftraum zu vergrößern und die Drainage zu verbessern. Bimsstein ist leicht und hält kein Wasser im Boden, daher eignet er sich für Pflanzen, die gut durchlässiges Substrat benötigen, wie Kakteen und andere Sukkulenten. Er hat ähnliche Eigenschaften wie Perlit, ist aber schwerer. Durch sein Gewicht verleiht Bims sowohl kleinen Töpfen als auch sehr großen Kübelpflanzen mehr Stabilität und hält die Pflanzen besser im Topf.

Nachhaltig gärtnern ohne Torf

Moore bedecken etwa drei Prozent der Erdoberfläche. Sie sind in vielen Ländern weltweit ein Teil der natürlichen Landschaft, die größten Gebiete liegen in Kanada mit einem Flächenanteil von rund 25 Prozent. Moore sind in der Lage, viel Kohlenstoff zu speichern, was im Zusammenhang mit dem Klimawandel besonders von Interesse ist. Sie sind der Lebensraum vieler teils seltener Tiere und Pflanzen. Das organische Substrat in Mooren, der Torf, wird als Kultursubstrat verwendet, in einigen Gegenden auch als Brennstoff zum Kochen und Heizen. Torf ist jedoch ein langsam nachwachsender Rohstoff und setzt bei der Verbrennung mehr Kohlendioxid frei als Erdgas. Der massive Torfabbau hat in vielen Ländern dazu geführt, dass Moore als Lebensraum verschwinden, daher wurden Programme zu ihrem Erhalt entwickelt.

Kanada ist der größte Produzent von Torf und Torfmoos als Bodenverbesserungsmittel. Von den 119 Millionen Hektar Moorfläche werden etwa 22000 Hektar zur Torfgewinnung genutzt. Moore sind in Kanada geschützt. Produzenten müssen die Gebiete, in denen sie ernten, regenerieren. Dennoch: Beim Torfabbau wird Kohlendioxid freigesetzt und Tiere werden vertrieben. Es dauert Jahre, bis ihr Lebensraum wiederhergestellt ist.

Als Torfersatz werden unter anderem Kokosfasern vermarktet, oft unter der Bezeichnung «Humusziegel». Wie nachhaltig die Fasern sind, ist fraglich: Kokosfasern müssen aufbereitet werden, das kostet Energie und Rohstoffe und könnte eine Gefahr für die Arbeiter bedeuten. Zudem haben Kokosfasern einen langen Transportweg hinter sich, bis sie bei uns ankommen.

Viele «organische» oder «natürliche» Inhaltsstoffe und Substrate, die wir im Garten und in der Landwirtschaft nutzen, um den Boden zu verbessern, sind in Bezug auf Umweltschutz und Nachhaltigkeit fragwürdig. Es ist wichtig, darauf zu achten, wie diese Stoffe regeneriert werden können. Manche kommen in der Natur reichlich vor, aber es dauert lang, bis sie nachwachsen. Sie abzubauen, könnte die Artenvielfalt und das Ökosystem beeinträchtigen. Andere Materialien erneuern sich gar nicht – sie sind heute vielleicht reichlich vorhanden, werden irgendwann aber aufgebraucht sein. Aufbereitung, Verpackungsmaterial, Transportweg und die Funktion, die die Stoffe in der Natur eigentlich erfüllen und die nach dem Abbau entfällt – all das sollte man berücksichtigen. Erforschen Sie die Herstellungskette, bevor Sie ein Produkt für Ihren Garten kaufen, und überlegen Sie, ob sich Ernte, Aufbereitung und Transport mit Ihren Werten in Einklang bringen lassen.

Das beste Vorgehen ist, das zu nutzen, was Sie haben, Abfälle zu sammeln, Nebenprodukte zu verwenden und nach Möglichkeit lokal produzierte Substrate zu erwerben. Allein den Plastiksack zu vermeiden, in dem die meisten Substrate verpackt sind, ist ein erster Schritt. Kaufen Sie bevorzugt regionale Produkte und mischen Sie Ihre Substrate selbst zusammen – davon profitieren Sie, Ihr Garten und die Umwelt.

Rezepte

Torfersatz

Diese Mischung besteht aus Nebenprodukten und ist daher umweltverträglicher als Torf. Sie ist pH-neutral und trocknet nicht so schnell aus wie Torf. Für Blumenerde ein gute Wahl.

1 Teil Kompost

1 Teil Kokosfasern

1 Teil Reishülsen oder Perlit

Aussaaterde

Diese Mischung ist steril, speichert Wasser, ohne zu vernässen, und ist fein, damit die Keimlinge leicht darin wurzeln können.

2 Teile sterilisierter und gesiebter Kompost

2 Teile Torfersatz

1 Teil Perlit

1 Teil Vermiculit

Allzweckerde

Für Töpfe und Kübel, Hochbeete und zum Vorziehen von jungen Pflanzen. Dieser Mix ist nützlich, wenn Sie Pflanzen mit unterschiedlichen Ansprüchen versorgen wollen.

2 Teile Kompost

2 Teile Torfersatz

1 Teil Perlit

Zusätzlich pro 4 Liter Substrat:

1 Tasse (250 ml) Wurmkompost

1 Esslöffel Glaukonitsand

1 Esslöffel Gesteinsmehl

1 Esslöffel Kelpmehl (Algenmehl)

Pikiererde

Damit junge Keimlinge und Stecklinge gut wurzeln und rasch wachsen, sollte das Substrat gut durchlässig und nährstoffreich sein.

2 Teile gesiebter Kompost

1 Teil Torfersatz

1 Teil Perlit

¼ Tasse (ca. 60 ml) Wurmkompost pro 4 Liter Substrat

Wichtig: Wenn Sie die jungen Pflänzchen nach ein paar Wochen in den Garten auspflanzen, dann reicht dieses Substrat. Sollen sie länger in den Töpfen bleiben, brauchen sie mehr Nährstoffe. Nehmen Sie dann die doppelte Menge Wurmkompost (120 ml) pro 4 Liter Substrat und fügen Sie dem Gießwasser alle zwei Wochen Flüssigdünger hinzu.

Für säureliebende Pflanzen

Heidelbeere, Rhododendron und Heide werden diesen Mix mit niedrigem pH-Wert mögen.

2 Teile Kompost

1 Teil feiner Rindenhumus

1 Teil Sand

1 Esslöffel Kaffeesatz pro 4 Liter Erde

Sukkulentenerde

Kakteen und andere Sukkulenten bevorzugen einen trockenen Lebensraum. Sie mögen es, wenn die Erde nach dem Gießen vollständig austrocknet. Ihr bevorzugtes Substrat ist daher extrem durchlässig und leicht.

1 Teil Kompost

1 Teil Rindenhumus

1 Teil Sand

1 Teil Bims

Für Hanging Baskets

Dieses Substrat hält die Feuchtigkeit, ist nährstoffreich und leicht – perfekt für Hanging Baskets. Sie können die Körbe zusätzlich mit Kokosfasern auslegen, um noch mehr Feuchtigkeit zu speichern.

2 Teile Kompost
1 Teil Perlit
1 Teil Vermiculit
1 Teil Wurmkompost

Zusätzlich pro 4 Liter Substrat:

3 Esslöffel (45 ml) Blutmehl oder Lupinenmehl (Alfalfamehl)
1 Esslöffel Kelpmehl (Algenmehl)

Für Zimmerpflanzen

Dieses Substrat eignet sich gut für Exoten. Stellen Sie sicher, dass die Komponenten steril sind, um keine Schädlinge ins Haus zu holen.

2 Teile sterilisierter Kompost
2 Teile Torfersatz
1 Teil Wurmkompost
1 Teil Perlit
1 Teil Vermiculit
1 Teil Sand

Für Rasen

Streuen Sie dieses Substrat über die Grassamen oder bessern Sie Unebenheiten damit aus.

2 Teile fein gesiebter Kompost
1 Teil Sand

Für Hochbeete

Damit Gemüse üppig wächst und aromatisch wird, brauchen die Pflanzen eine humusreiche Erde mit vielen Nährstoffen.

3 Teile Kompost
1 Teil Perlit oder Reishülsen
1 Teil Sand

Zusätzlich pro 4 Liter Substrat:

¼ Tasse (60 ml) Wurmkompost
1 Esslöffel Glaukonitsand
1 Esslöffel Gesteinsmehl
1 Esslöffel Kelpmehl (Algenmehl)

Für Epiphyten

Orchideen und andere Epiphyten verankern sich am besten in einem Substrat, das locker, gut durchlüftet und durchlässig ist.

4 Teile feiner Rindenhumus
2 Teile Torfersatz
1 Teil Perlit oder Bims

Gehölze und Stauden

Mehrjährige Pflanzen mögen ein Substrat, das sich nur langsam zersetzt. Die Wasserspeicherkapazität und Durchlässigkeit sollten ausgewogen sein.

2 Teile Kompost
2 Teile Rindenhumus
1 Teil Perlit oder Bims
1 Teil Sand
1 Teil Pilzsubstrat

Für den kleinen Geldbeutel

Wem es zu kostspielig wird, die vielen verschiedenen Zutaten zu kaufen, der kann aus eigener Erde, Kompost und einigen wenigen günstigen Zutaten eine gute Alternative herstellen.

2 Teile Gartenerde
2 Teile selbst hergestellter Kompost
1 Teil Sand

Zusätzlich pro 4 Liter Substrat:

1 Tasse (250 ml) Reishülsen
1 Tasse (250 ml) Kelpmehl

Mulch für jeden Garten

Mulch besitzt viel gerühmte Eigenschaften: Er isoliert den Boden, unterdrückt Unkraut, schützt vor Austrocknung und liefert Nährstoffe. Das Wissen dazu stammt aus der Natur. Im Wald, aber auch und in anderen natürlichen Lebensräumen fällt fortwährend pflanzliches Material wie Blätter, Rinde und Samen zu Boden. Dort bildet es einen Teppich, der sich langsam zersetzt und zu Humus wird. Im Garten haben wir gelernt, alle abgestorbenen Pflanzenreste zu entfernen. Zurück bleibt die nackte Erde, die ohne den schützenden Teppich aus Pflanzenmaterial schnell austrocknet oder von Unkraut überwuchert wird. Eine Mulchschicht kann diesen Teppich im Garten ersetzen.

Je nach Geschmack und Gestaltung des Gartens eignen sich vielfältige Materialien als Mulchschicht. Synthetisches wie Plastikfolie, Gärtnerflies und gefärbte Rinde sollten Sie besser meiden. Diese Materialien werden früher oder später den Boden, die Pflanzen und die Umwelt schädigen.

Material	Beschreibung	Einsatzgebiet	Einschränkungen	Bemerkungen
Algen	Für Pflanzen, die an der Küste beheimatet sind	Gärten in Küstennähe	Zu viel Algenmulch versalzt den Boden und kann zu Schäden an den Pflanzen führen	
Holzhackschnitzel	Holzhackschnitzel aus dem Sägewerk oder Gartenhandel eignen sich besonders für Sträucher, Bäume und Stauden, die nicht jährlich neu gepflanzt werden. Auf dem Holz leben Pilze, die den Boden beleben.	Mehrjährige		Kostengünstig, leicht verfügbar

Kiefernnadeln	Nadeln und Zapfen sehen attraktiv aus und sind leicht verfügbar	Gehölze		Beeinflussen den pH-Wert weniger als oft behauptet
Kompost	Reifer und gesiebter Kompost aus eigener Herstellung oder gekauft (gute Qualität!). Mit dem Gießwasser gelangen langsam die Nährstoffe und Bodenlebewesen aus dem Kompost in den Boden.	Alle Beete	Unreifen Kompost meiden; Kompost aus unbekannten Ausgangsstoffen meiden; Kompost aus kommunalem Kompostierwerk nur nach Qualitätsprüfung	Selbst hergestellter Kompost kostet nichts
Laub	Laub mit dem Rasenmäher oder Laubbläser zerkleinern. Es zersetzt sich schnell und enthält viele Mikroorganismen.	Gemüse	Keine kranken oder mit Schädlingen befallenen Blätter; kein mit Pestiziden behandeltes Laub	Kostet nichts und ist leicht herzustellen
Lebender Mulch	Bodendecker, polster- oder teppichbildende Pflanzen als Lückenfüller	Blumenbeete		
Mulch in Lagen	Mehrere Lagen aus Stickstoff- und Kohlenstofflieferanten wie Papier, Rinde, Laub, Stauden- oder Heckenschnitt	Das Material kompostiert und neuer Boden wird gebildet		Bodenbildung nach dem Prinzip des Hügelbeets
Pappe	Aus geschreddertem Karton	Regenreiche Regionen	Zu große Stücke ersticken den Boden	Zersetzt sich langsam, in der trockenen Jahreszeit entfernen
Pflanzenreste	Auf dem Boden verteiltes Pflanzenmaterial zersetzt sich von selbst	Ökologische Gärten		Spezielle Pflanzen können zur Gründüngung angebaut werden
Rasenschnitt	Gras nach dem Mähen auf dem Rasen liegen lassen	Rasen		Zu nassen Rasen besser abharken
Schnee	Schutz vor strengem Frost, am besten in Kombination mit anderem Mulch	In kalten Regionen	Schlecht für zarte Pflanzen	
Steine	Flusskiesel, Schotter, vulkanische Steine	Steingärten	Steine unter Bäumen sind mühselig sauber zu halten	Speichern Wärme und Kälte
Stroh	Gut als Winterschutz	Gemüsebeete	Kann Unkrautsamen enthalten	
Wasserpflanzen	Wachsen schnell nach, wurzeln an Land nicht und bilden keine Samen	Trockene Standorte		

KAPITEL 2

Pflanzen vermehren

Pflanzen zu vermehren, ist ein wunderbarer Weg, den Garten zu gestalten: Sie wählen die Pflanzen, die Ihnen gefallen und die groß und robust wirken, und nehmen Samen oder Stecklinge ab. Das Ergebnis sind Setzlinge mit ähnlichen Eigenschaften.

Wenn draußen die Winterkälte klirrt, wird es Zeit, sich aufs Sofa zurückzuziehen, um den eigenen Garten zu planen. Ob im Gartencenter, in Katalogen oder bei Fachhändlern im Internet – das Angebot an Samen ist riesig. Es umfasst weit mehr Arten und Sorten als das Angebot an vorgezogenen Pflanzen in Gärtnereien. Außerdem wissen Sie bei einem selbst gezogenen Setzling, was er bzw. die Erde, in der er steckt, alles enthält.

Pflanzen aus Samen oder Stecklingen zu vermehren, kann eine der schwierigsten, aber auch eine der lohnendsten Aufgaben beim Anlegen oder Neugestalten eines Gartens sein. Lernen Sie, die richtigen Bedingungen zu schaffen, damit die Pflanzen keimen und Wurzeln schlagen. Das ist eine wichtige Aufgabe für Sie als frisch gebackene Pflanzeneltern. Es hilft, sowohl die Zerbrechlichkeit als auch die Stärke Ihrer Schützlinge zu kennen.

Sie werden in diesem Kapitel eine Vielzahl an Rezepten und Projekten finden, mit denen die Pflanzenvermehrung gelingt – und Spaß machen sie auch noch! Ab jetzt dreht sich alles um Stecklinge, Setzlinge, Samen und Samenbomben.

Test auf Keimfähigkeit

Der Prozentsatz an Samen, die keimen, nennt sich Keimrate. Sie variiert von Art zu Art und nimmt mit dem Alter der Samen ab. Auch die Lagerungs- und Keimungsbedingungen spielen eine Rolle. Neu gekaufte Samen brauchen Sie nicht zu testen, das hat der Hersteller bereits getan. Aber Samen, die schon einige Jahre in der Schublade liegen oder die Sie selber gesammelt haben, sollten Sie auf ihre Keimfähigkeit hin testen. So laufen Sie nicht Gefahr, Samen auszusäen, die nicht keimfähig sind.

Material
10 Samen
Papiertuch
Plastiktüte
Sprühflasche
Etikett

So gehen Sie vor

1 Befeuchten Sie das Papiertuch. Legen Sie die Samen auf der einen Hälfte aus und falten Sie das Papiertuch so, dass die Samen bedeckt sind.

2 Schieben Sie das Papiertuch in die Plastiktüte und schließen Sie die Tüte nur leicht, damit noch etwas Luft zirkulieren kann. Nun noch das Etikett mit dem Pflanzennamen und dem Datum anbringen, fertig ist das Minigewächshaus.

3 Legen Sie die Tüte an einen warmen Ort (z. B. auf den Kühlschrank).

4 Besprühen Sie das Papiertuch täglich. Nach etwa drei bis zehn Tagen sollten die Samen beginnen zu keimen (Angaben auf der Packung beachten).

Wenn die Keimrate niedrig ist (unter 85 Prozent), säen Sie einfach etwas mehr Samen aus. Bei sehr niedriger Keimrate lieber neue Samen kaufen.

Anzuchttöpfe selber herstellen

Das Material für diese Recycling-Töpfe haben Sie bereits zu Hause. So können Sie Geld sparen und Müll reduzieren.

Töpfe aus Zeitungspapier

Diese Töpfe sind stabil genug, zersetzen sich in der Erde aber schnell. Die Pflanzen können daher mitsamt dem Topf eingepflanzt werden.

Schneiden Sie ein 3 cm langes und etwa 10 cm breites Stück Zeitungspapier zurecht. Wickeln Sie es um ein schmales, gerades Glas oder eine kleine Konservendose. Lassen Sie das Papier dabei an einer Seite ein paar Zentimeter überstehen und falten Sie es dann nach innen, um den Boden zu formen.

Töpfe aus Toilettenpapierrolle

Diese Töpfe sind stabiler und daher besser geeignet für Samen und Stecklinge, die etwas länger brauchen.

Halbieren Sie eine Toilettenpapierrolle, um zwei Töpfe herzustellen. Schneiden Sie die Klorolle an einem Ende viermal etwa 1,5–2 cm tief ein. Falten Sie die Pappe nach innen, um den Boden zu schließen.

Die Pappe löst sich nicht so schnell auf. Ziehen Sie die Setzlinge daher vorsichtig aus der Erde und pflanzen Sie sie ohne Topf in den Garten. Die Pappe kommt auf den Komposthaufen.

Töpfe aus Eierkarton

Diese Töpfe eignen sich für flach wurzelnde Pflanzen wie Erbsen oder Salat, also für Gemüse, das Sie später in Reihen pflanzen.

Ritzen Sie auf der Unterseite mit einem Teppich- oder Kartonmesser eine Linie längs über alle sechs Vertiefungen (aber schneiden Sie den Karton nicht durch). Die anderen sechs

ebenfalls anritzen. Der Eierkarton soll halten, solange die Samen darin keimen, aber beim Auspflanzen leicht auseinanderzubrechen sein. Nutzen Sie den Deckel als Untersetzer. Füllen Sie Anzuchterde in die Vertiefungen und säen Sie die Samen ein.

Wenn es Zeit ist auszupflanzen, schneiden Sie den Karton längs in zwei Hälften mit je sechs Vertiefungen. Ziehen Sie eine Rinne in das Beet, in das Sie die Setzlinge einpflanzen wollen. Nun den Karton über die Rinne halten und entlang der Einkerbung auf der Unterseite aufbrechen, damit die Setzlinge nach unten in die Rinne fallen.

Erdtopfpresse

Es geht auch ganz ohne Topf – so verursachen Sie überhaupt keinen Müll mehr. Mit diesem Werkzeug pressen Sie die Anzuchterde zu kleinen Blöcken zusammen, die für die Zeit der Keimung ihre Form wahren werden.

Geben Sie Anzuchterde in eine große Schüssel. Gießen Sie etwas Wasser hinzu, bis die Erde die Konsistenz von nassem Sand hat. Sie sollte nicht zerbröseln, wenn Sie eine Kugel formen. Drücken Sie nun die Erdtopfpresse in die Erde. Schieben Sie mithilfe des Griffs die Erde über einem Tablett aus der Presse.

Mini-Gewächshaus

In dieser Plastikbox herrscht eine hohe Luftfeuchtigkeit und es ist warm wie in einem Gewächshaus. Das beschleunigt das Wachstum der Keimlinge. Es eignet sich jede Plastikverpackung, etwa von Salat oder anderem Gemüse, solange der Deckel lichtdurchlässig ist.

Kleine Boxen füllen Sie direkt mit Anzuchterde und säen die Samen aus. Größere können Sie auch mit Töpfen aus Zeitungspapier oder Klorolle oder mit Erdblöcken bestücken. Schneiden Sie ein paar Löcher in den Deckel, damit Luft zirkulieren kann. Nehmen Sie den Deckel täglich ab, um zu gießen und frische Luft an die Keimlinge zu lassen. Gießen Sie die Pflänzchen vorsichtig von unten, um sie nicht zu zerstören. Wenn die Keimblätter voll entfaltet sind, nehmen Sie den Deckel ganz ab und stellen das Mini-Gewächshaus in die Sonne.

Samenbomben

Samenbomben zu basteln, ist ein lustiges Projekt für die ganze Familie. Sie sind schnell gemacht und eignen sich auch hervorragend als Geschenk. Und vielleicht regen sie zum Nachdenken darüber an, wie wir die Erde grüner machen können. Es gibt zwei Möglichkeiten, Samenbomben herzustellen: mit Ton oder mit Papier. Die Idee dahinter ist dieselbe: Man mischt ein Trägermaterial für die Samen an, das im feuchten Zustand zusammenklebt und beim Trocknen aushärtet.

Mischen Sie ein-, zwei- und mehrjährige Sommerblumen. Dann haben Sie schon im ersten Jahr und viele weitere Jahre hindurch Freude an den Blüten.

Wie viele Samen?

Samen gibt es in allen Größen und Formen. Dasselbe gilt für die Pflanzen, die daraus entstehen – und für den Platz, den sie brauchen werden. Wie viele Samen sollten Sie also in einer Bombe unterbringen?

Eine Prise! Die Faustregel lautet: Jede Samenbombe bestücken Sie mit einer Prise Samen, das heißt, mit so vielen Samen, wie Sie einfach zwischen Zeigefinger und Daumen aufnehmen können. Bei größeren Samen, etwa von Sonnenblume oder Kürbis, sind dies vielleicht nur zwei Samen, bei kleineren wie Mohn oder Salat vielleicht zehn.

Drücken Sie die großen Samen tief ins Zentrum der Samenbombe. Kleinere Samen mischen Sie direkt in das Trägermaterial, ein paar können Sie zusätzlich außen aufdrücken. Die Krux ist, dass nicht alle Samen keimen werden, schließlich hat diese Form der Verbreitung nichts zu tun mit dem sorgfältigen Aussäen, wie es auf der Packung empfohlen wird. Nehmen Sie daher ein paar Samen mehr und mischen Sie verschiedene Arten, dann stehen die Chancen gut, dass einige wunderschöne Pflanzen den Ort schmücken werden, an dem sie landen.

Samenbomben aus Ton

Dieses Rezept ist eine geniale Gelegenheit, sich die Hände schmutzig zu machen! Deswegen haben Kinder besonders viel Spaß daran. Die Samenbomben bestehen aus vier Zutaten: Tonmehl, Kompost, Wasser und Samen. Außen können Sie die Kugeln mit getrockneten Blütenblättern oder besonders schönen Samen verzieren. Das ist nicht nur dekorativ, sondern auch nützlich. Ringelblumensamen beispielsweise sind gewellt, Sonnenblumensamen gestreift. Die Samen von Tagetes sehen aus wie kleine Stachelschweinstacheln und die von Flockenblumen ähneln Miniraketen.

Material

5 Teile fein gesiebter Kompost

1 Teil Bentonit (oder ähnliches, aber anders gefärbtes Tonmehl)

Wasser

Samen

So gehen Sie vor

1

2

3

4

1 Mischen Sie Kompost und Bentonit bzw. Tonmehl in einer Schüssel oder einem Eimer. Geben Sie so viel Wasser hinzu, dass die Mischung gerade bindet.

2 Formen Sie Kugeln und geben Sie je eine Prise der Samenmischung hinzu. Große Samen drücken Sie ins Innere, kleinere arbeiten Sie einfach in das Trägermaterial ein. Rollen Sie die Kugeln zwischen den Händen, damit sie schön rund und kompakt werden.

3 Wenn Sie mögen, rollen Sie die Kugeln, solange sie noch feucht sind, über ein Tablett mit getrockneten Blütenblättern, zum Beispiel von Kornblumen, Rosen oder Ringelblumen. Oder Sie drücken ein paar hübsche Samen außen auf.

4 Legen Sie die Samenkugeln zum Trocknen auf ein Tablett an einen kühlen, trockenen Platz, aber nicht in die pralle Sonne. Wenn sie recht hart wirken und sich nicht mehr kühl anfühlen, sind sie fertig.

Samenbomben aus Papier

Mit Samenbomben aus Papier steht Ihnen die gesamte Farbpalette offen – und sie verursachen deutlich weniger Dreck als die Bomben aus Ton. Außerdem können Sie ein Material recyceln, von dem Sie vermutlich mehr als genug haben: Papier. In Silikonformen für Schokolade oder Eiswürfel gepresst, erhalten sie hübsche Konturen.

Material

Für 12 eiswürfelgroße Samenbomben:

8–10 Blätter weißes Papier

1–2 Blätter gefärbtes Papier

Wasser

Mixer

Geschirrtuch

Schüssel

Samen

Eiswürfel- oder Süßigkeitenform

So gehen Sie vor

1 Zerkleinern Sie das Papier im Aktenvernichter, mit der Schere oder von Hand. Das Papier darf bedruckt sein, viel Druckerfarbe macht die Samenbombe aber eher dunkel und grau. Zerkleinern Sie falls gewünscht auch ein oder zwei Bögen gefärbtes Papier. Verwenden Sie kein gewachstes Papier und keine Umschläge mit Sichtfenster und entfernen Sie Klammern.

2 Geben Sie das zerkleinerte Papier in den Mixer und bedecken Sie es mit warmem Wasser. Weichen Sie das Papier etwa zehn Minuten ein. Dann so lange mixen, bis eine breiförmige Pulpe entsteht.

3 Legen Sie ein Geschirrtuch über eine Schüssel und gießen Sie die Papierpulpe hinein. Dann drücken Sie die Pulpe im Tuch fest aus, um so viel überschüssiges Wasser wie möglich zu entfernen.

4 Mischen Sie etwa einen Viertel Teelöffel (1 ml) oder zwölf Prisen kleine Samen mit den Händen unter die Papierpulpe. Drücken Sie das Gemisch in eine Form für Eiswürfel oder Süßigkeiten. (Weiter auf der folgenden Seite)

5

6

5 Pressen Sie ein trockenes Geschirrtuch auf die Vertiefungen, um noch einmal möglichst viel Wasser zu entfernen. Das verkürzt die Trocknungszeit und verhindert, dass die Samen beginnen zu keimen.

6 Drücken Sie die Samenbomben vorsichtig aus der Form und legen Sie sie beispielsweise auf einem Brett aus, damit sie trocknen können. Nicht in der prallen Sonne trocknen lassen.

Wie die Vögel

Viele heimische Pflanzen werden von Vögeln oder anderen Tieren verbreitet. Die geflügelten Freunde lassen sich die Beeren schmecken, fliegen fort und deponieren mit ihren Hinterlassenschaften die Samen an einem anderen Ort.

Vögel dürfen das, aber bombardieren Sie bitte nicht Ihre Nachbargärten oder Parks! Die Grundidee dieses Projekts ist, Pflanzen dort wieder anzusiedeln, wo sie eigentlich natürlicherweise vorkommen würden. Wählen Sie daher Samen von Pflanzen, die in Ihrer Region heimisch sind. Viele Gärtnereien verkaufen Wildblumenmischungen, die sich wunderbar für Samenbomben eignen. Vielleicht finden Sie in Ihrer Umgebung einen Betrieb, der Mischungen aus Arten anbietet, die an Ihrem Wohnort verbreitet sind. Achten Sie darauf, dass keine invasiven Arten enthalten sind, die das Ökosystem beeinträchtigen könnten. Es lohnt sich, ein wenig Forschung zu betreiben, welche Arten sich bei Ihnen gut eignen würden.

Bombenalarm!

Vielleicht hat Ihnen die Herstellung der Samenbomben schon gefallen, aber jetzt fängt der Spaß erst richtig an! Die Bomben sind ein geniales Mittel, um große oder schwer erreichbare Flächen zu verschönern, etwa große Wiesen oder Gräben. Versuchen Sie, festen Grund zu treffen. Mit einer Zwille fliegen die Bomben richtig weit.

Idealerweise zerbricht die Samenbombe beim Aufprall, aber die Samen werden auch keimen, wenn das nicht passiert. Flache Bomben bleiben auch an Hängen liegen, während kleinere runde Bälle in die hintersten Winkel kullern können. Experimentieren Sie und genießen Sie diese Form des Guerilla-Gärtnerns. Und vergessen Sie nicht, nach ein paar Wochen oder Monaten die Früchte (oder Blüten) Ihrer Arbeit zu begutachten.

Rezepte für Samenbomben

Insekteninseln

Gemeine Schafgarbe *(Achillea millefolium)*
Weg-Rauke *(Sisymbrium officinalis)*
Kornblume *(Centaurea cyanus)*
Borretsch *(Borago officinalis)*
Knollige Seidenpflanze *(Asclepias tuberosa)*
Ringelblume *(Calendula officinalis)*
Kamille *(Matricaria chamomilla)*
Goldlack *(Chreianthus allionii)*
Saat-Wucherblume *(Chrysanthemum segetum)*

Bienenbotschaft

Gemeine Schafgarbe *(Achillea millefolium)*
Wiesen-Flockenblume *(Centaurea jacea)*
Gewöhnliche Hundszunge *(Cynoglossum officinale)*
Sonnenblume *(Helianthus annuus)*
Ysop *(Hyssopus officinalis)*
Schopf-Lavendel *(Lavandula stoechas)*
Jungfer im Grünen *(Nigella damascena)*
Klatschmohn *(Papaver rhoeas)*

Süßer Nektar

Färberkamille *(Anthemis tinctoria)*
Kornblume *(Centaurea cyanus)*
Margerite *(Chrysanthemum leucanthemum)*
Blauer Natternkopf *(Echium vulgare)*
Echtes Johanniskraut *(Hypericum perforatum)*
Acker-Witwenblume *(Knautia arvensis)*
Schopf-Lavendel *(Lavandula stoechas)*
Gemeine Nachtkerze *(Oenothera biennis)*

Blaublütig

Borretsch *(Borago officinalis)*
Rundblättrige Glockenblume *(Campanula rotundifolia)*
Kornblume *(Centaurea cyanus)*
Gewöhnlicher Natternkopf *(Echium vulgare)*
Ausdauernder Lein *(Linum perenne)*
Vergissmeinnicht *(Myosotis sylvatica)*
Gamander-Ehrenpreis *(Veronica chamaedrys)*

Bunte Einjährige

Färberkamille *(Anthemis tinctoria)*
Ringelblume *(Calendula arvensis)*
Rapunzel-Glockenblume *(Campanula rapunculus)*
Kornblume *(Centaurea cyanus)*
Margerite *(Chrysanthemum leucanthemum)*
Acker-Rittersporn *(Consolida regalis)*
Sonnenblume *(Helianthus annuus)*
Wiesen-Platterbse *(Lathyrus pratensis)*
Lupine (*Lupinus* sp.)
Klatsch-Mohn *(Papaver rhoeas)*
Acker-Senf *(Sinapis arvensis)*

Schattige Schönheiten

Gewöhnliche Akelei *(Aquilegia vulgaris)*
Roter Fingerhut *(Digitalis purpurea)*
Silberblättrige Goldnessel *(Lamium argentatum)*
Echtes Leinkraut *(Linaria vulgaris)*
Vergissmeinnicht *(Myosotis sylvatica)*
Kleines Immergrün *(Vinca minor)*
Wildes Stiefmütterchen *(Viola tricolor)*

Wiesenmischung

Gemeine Schafgarbe *(Achillea millefolium)*
Wiesen-Kerbel *(Anthriscus sylvestris)*
Gemeine Akelei *(Aquilegia vulgaris)*
Schlangen-Knöterich *(Bistorta officinalis)*
Borretsch *(Borago officinalis)*
Rundblättrige Glockenblume *(Campanula rotundifolia)*
Kornblume *(Centaurea cyanus)*
Margerite *(Chrysanthemum leucanthemum)*
Wiesen-Storchschnabel *(Geranium pratense)*
Echtes Johanniskraut *(Hypericum perforatum)*
Acker-Witwenblume *(Knautia arvensis)*
Ausdauernder Lein *(Linum perenne)*

Wärmeliebhaber

Wiesen-Flockenblume *(Centaurea jacea)*
Sonnenblume *(Helianthus annuus)*
Acker-Witwenblume *(Knautia arvensis)*
Schopf-Lavendel *(Lavandula stoechas)*
Majoran *(Origanum majorana)*
Wiesen-Salbei *(Salvia pratensis)*

Trockentolerant

Rundblättrige Glockenblume *(Campanula rotundifolia)*
Wiesen-Flockenblume *(Centaurea jacea)*
Wiesen-Labkraut *(Galium mollugo)*
Echtes Leinkraut *(Linaria vulgaris)*
Knolliger Hahnenfuß *(Ranunculus bulbosus)*
Kleiner Wiesenknopf *(Sanguisorba minor)*
Tauben-Skabiose *(Scabiosa columbaria)*

Kräutergarten

Wasser-Minze *(Mentha aquatica)*
Zitronen-Melisse *(Melissa officinalis)*
Bronze-Fenchel (*Foeniculum vulgare* 'Rubrum')
Schnittlauch *(Allium schoenoprasum)*
Dill *(Anethum graveolens)*
Petersilie *(Petroselinum crispum)*
Majoran *(Origanum majorana)*
Liebstöckel *(Levisticum officinale)*
Salbei *(Salvia officinalis)*
Thymian *(Thymus vulgaris)*

Heilende Kräuter

Schafgarbe *(Achillea millefolium)*
Ringelblume *(Calendula officinalis)*
Wegwarte *(Cichorium intybus)*
Mädesüß *(Fiilipendula ulmaria)*
Echtes Johanniskraut *(Hypericum perforatum)*
Echte Kamille *(Matricaria chamomilla)*
Wasser-Minze *(Mentha aquatica)*
Echte Schlüsselblume *(Primula veris)*
Echter Baldrian *(Valeriana officinalis)*

Blütenteppich

Kriechende Günsel *(Ajuga reptans)*
Gänseblümchen *(Bellis perennis)*
Vergissmeinnicht *(Myosotis sylvatica)*
Kriechendes Fingerkraut *(Potentilla reptans)*
Wiesen-Klee *(Trifolium pratense)*
Gamander-Ehrenpreis *(Veronica chamaedrys)*
Kleines Immergrün *(Vinca minor)*

Saatbänder, -matten und -scheiben

Saatbänder, -matten und -scheiben bestehen aus einem leicht verrottbaren Material, in das in regelmäßigen Abständen Samen eingebettet sind. Es sind Hilfsmittel, mit denen Sie im Handumdrehen ein Beet bepflanzen, und zwar mit den richtigen Pflanzabständen. Das Gute: Sie können die Bänder und Matten schon vorbereiten, bevor die Pflanzzeit beginnt. Sobald der Boden warm genug ist und es das Wetter erlaubt, rollen Sie sie aus.

Selbst gemachte Saatbänder

Material
Toilettenpapier
Mehl
Wasser
Lineal
dünner Pinsel
Samen

So gehen Sie vor

1 Überlegen Sie sich, wie lang Ihr Saatband sein soll. Sie können 30 cm lange Stücke herstellen, die Sie im Garten aneinanderreihen, oder Sie machen eins in der Länge des Beetes. Messen Sie Toilettenpapier in der gewünschten Länge ab. Falten Sie es längs, um die Mitte zu markieren. Öffnen Sie es wieder und breiten Sie es auf dem Tisch aus.

Stellen Sie eine Paste aus einem Teil Mehl und einem Teil Wasser her, um die Samen damit zu fixieren.

2 Legen Sie das Lineal entlang der Mittellinie auf das Toilettenpapier. Schauen Sie auf der Samentüte den richtigen Pflanzabstand nach und setzen Sie mit dem Pinsel in diesem Abstand kleine Punkte mit der Paste oberhalb des Lineals auf das Papier.

3 Setzen Sie je einen Samen in die Punkte. Bei sehr kleinen Samen hilft es, das stumpfe Ende des Pinsels in die Paste zu tauchen, damit einen Samen aufzunehmen und auf das Papier zu übertragen.

4 Tragen Sie mit dem Pinsel etwas Paste rund um die obere Hälfte des Toilettenpapiers auf. Dann das Papier falten und zusammendrücken.

5 Notieren Sie die Arten auf dem Band.

6 Lassen Sie das Band vollständig trocknen. Dann um eine leere Toilettenpapierrolle wickeln und trocken aufbewahren.

2

3

5

Rezepte für Saatbänder

Zinnienzauber – mischen Sie Zinniensorten mit unterschiedlichen Farben, Höhen und Blütenformen.

Bunte Karotten – mischen Sie gelbe, orangefarbene, rote und violette Sorten.

Salatvariationen – kreieren Sie eine Mischung aus roten und grünen Blattsalaten und Rucola.

Rote Bete und Mangold – geben Sie die Samen abwechselnd auf das Band.

Selbst gemachte Saatmatten und -scheiben

Wenn Sie nicht in Reihen anpflanzen wollen, etwa im Hochbeet oder in kleineren Beeten, leisten quadratische oder rechteckige Saatmatten gute Dienste. Saatscheiben funktionieren wie runde Matten und sind ideal, um einen Kübel zu bepflanzen. Beide Formate stellen Sie ähnlich wie die Saatbänder her.

Material

Küchenpapier, Serviette oder Papiertuch (ungebleicht)

Mehl

Wasser

feiner Pinsel

Samen

So gehen Sie vor

1 Je nach Hersteller hat Küchenpapier unterschiedliche Maße, auch Servietten und Papiertücher gibt es in verschiedenen Größen. Messen Sie aus, welche Größe und Form Ihre Saatmatten haben sollen und wie viele Sie brauchen. Schneiden Sie die Papiertücher dann auf die gewünschte Größe und Form zu. Für eine Saatmatte benötigen Sie zwei Tücher.

2 Stellen Sie eine Paste her, die zu gleichen Teilen aus Mehl und Wasser besteht.

3 Falten Sie ein Papiertuch so zusammen, dass ein Gitter entsteht. Geben Sie mit dem Pinsel etwas Mehlpaste in die Mitte der Quadrate. Der Abstand sollte so groß sein wie auf der Samentüte empfohlen.

4 Setzen Sie je einen Samen in die Punkte. Bei sehr kleinen Samen hilft es, das stumpfe Ende des Pinsels in die Paste zu tauchen, damit einen Samen aufzunehmen und auf das Papier zu übertragen.

5 Tragen Sie mit dem Pinsel etwas Paste auf die Ränder des Papiertuchs auf. Dann das zweite Papier auflegen und zusammendrücken.

6 Beschriften Sie das Papier.

7 Lassen Sie die Matte vollständig abtrocknen und bewahren Sie sie trocken auf.

3

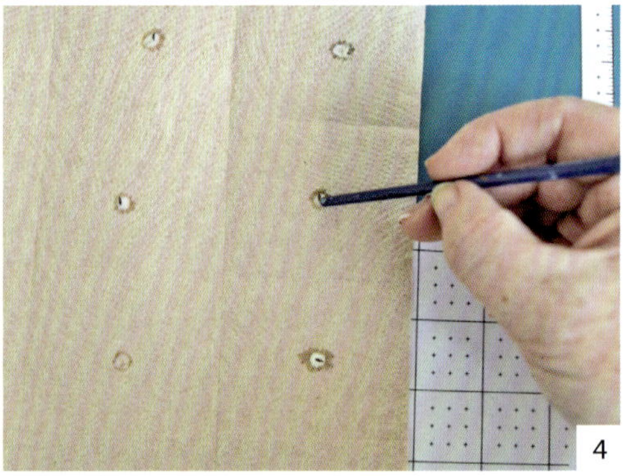

4

6

Rezepte für Saatmatten und -scheiben

Einjährige Kräuter – je nach Geschmack: Petersilie, Basilikum, Liebstöckel, Koriander ...

Rote Bete und Rettich – abwechselnd anpflanzen; sobald der Rettich geerntet ist, findet die Rote Bete genug Platz.

Kohl – mischen Sie grüne und rote Sorten des gesunden Wintergemüses.

Salat – kombinieren Sie verschiedene Salatsorten mit Kräutern wie Schnittlauch.

Pesto – experimentieren Sie mit roten und grünen Basilikumsorten.

Schnell gepflanzt mit Saatmatte & Co.

Bereiten Sie den Boden für die Pflanzen vor. Legen Sie die Bänder, Matten oder Scheiben auf den Boden und bedecken Sie sie mit 2–3 cm Erde. Gut angießen und feucht halten, bis die Samen gekeimt sind und Wurzeln entwickelt haben.

Kamillentee gegen Umfallkrankheit

Die Umfall- oder Auflaufkrankheit wird von Pilzen verursacht. Meist keimen die Samen normal, die Keimlinge knicken dann aber um und gehen ein. Das passiert vor allem bei hoher Luftfeuchtigkeit, etwa in Gewächshäusern. Ein Kamillensud *(Matricaria chamomilla)* kann das Wachstum des Pilzes unterdrücken.

Material

1 Teil frische Kamille (oder ¼ getrocknet)

3 Teile Regen- oder Leitungswasser

2

3

So gehen Sie vor

1 Den Kamillensud können Sie mit frischem oder mit getrocknetem Kraut herstellen. Während man für den Tee ausschließlich die Blüten verwendet, können Sie für das Spritzmittel auch die Blätter und Stängel nutzen.

Frisch: Ernten Sie die gesamte Pflanze am frühen Morgen, wenn die Blüten zu voller Schönheit entfaltet sind. Geben Sie die Blätter und Blüten in ein großes Einmachglas und gießen Sie Wasser darüber. Stellen Sie das Glas den Tag über in den Garten in die Sonne oder im Haus auf eine sonnige Fensterbank.

Getrocknet: Übergießen Sie die getrockneten Blüten mit heißem Wasser und lassen Sie den Sud 24 Stunden stehen.

2 Den Sud durch ein Sieb gießen und damit die Keimlinge wässern. Alternativ füllen Sie ihn in eine Sprühflasche und besprühen Keimlinge und Erde täglich.

3 Kamillentee eignet sich auch bei älteren Pflanzen als Blattspray, um Krankheiten vorzubeugen.

Aus Regentonne oder Leitung?

In vielen Rezepten in diesem Buch finden Sie den Hinweis, dass Sie statt Leitungswasser auch Regenwasser verwenden können. Leitungswasser kann je nach Wohnort sehr hart, also kalkhaltig sein. Manche Pflanzen wie Rhododendron oder Geranien vertragen das schlecht. Regenwasser wiederum kann mit Schwermetallen belastet sein, wenn das Wasser über Dächer aus Kupfer oder Zink läuft. Ist das Dach mit Dachpappe oder Bitumen abgedichtet, können gesundheitsschädliche Stoffe ins Wasser gelangen. Wägen Sie ab, was an Ihrem Wohnort das beste Wasser für Ihren Garten ist.

Vermehrung über Stecklinge

Stecklinge abzunehmen und einzupflanzen, ist eine einfache Art, Ihre Gartenbewohner zu vermehren, ohne das Portemonnaie zücken zu müssen. Wie oft im Garten führen verschiedene Wege zum Ziel.

Stecklinge im Wasser bewurzeln

Viele Zimmerpflanzen, Sommerblumen, Kräuter und Gemüse mit grünen, nicht verholzten Stängeln bilden im Wasser schnell Wurzeln. Schneiden Sie mit einem scharfen Messer oder einer guten Schere ein 10–15 cm langes Stück Stängel kurz unterhalb eines Blattknotens ab. Streifen Sie die unteren Blätter und Blüten ab und stellen Sie den Steckling in ein Glas mit Wasser. Wechseln Sie das Wasser täglich. Wenn die Wurzeln 2–4 cm lang sind, pflanzen Sie den Steckling in Anzucht- oder Blumenerde – je nach Art dauert das eine oder auch drei bis vier Wochen. Stellen Sie den Topf an einen hellen Ort und halten Sie die Erde feucht, aber vermeiden Sie Staunässe. Manche Arten bilden schneller Wurzeln und wachsen buschiger, wenn man die Blätter stutzt.

Pflanztopf mit eigener Bewässerung

Gehölze wurzeln in Erde oft besser als im Wasser, aber immer die richtige Feuchtigkeit aufrechtzuerhalten, kann eine Herausforderung sein. Bei Staunässe verfaulen die Stängel und neuen Wurzeln; ist es nicht feucht genug, vertrocknen sie. Die Rettung: ein selbst gebastelter Pflanztopf mit eingebauter Bewässerungsanlage.

Material

Plastikflasche mit Deckel

Schere oder Teppichmesser

Hammer und Nagel

dicke Baumwollschnur

Pikiererde (siehe Seite 26)

Steckling

transparente Plastiktüte

So gehen Sie vor

1 Zerschneiden Sie die Plastikflasche, sodass das Unterteil etwa zwei Drittel, das Oberteil etwa ein Drittel lang ist.

2 Treiben Sie mit Hammer und Nagel ein Loch in den Deckel.

3 Schneiden Sie von der Baumwollschnur ein 15 cm langes Stück ab. Ziehen Sie die Schnur durch das Loch im Deckel.

4 Schrauben Sie den Deckel auf die Flasche.

5 Gießen Sie Wasser in den unteren Teil der Flasche.

6 Den oberen Teil der Flasche füllen Sie mit der angefeuchteten Erde. Achten Sie darauf, dass sich etwa 5 cm Schnur in der Erde befinden. Die restlichen 10 cm hängen nach unten.

7 Stecken Sie das Oberteil in das Unterteil. Die Schnur sollte nun im Wasser hängen.

8 Schneiden Sie mit der Schere oder dem scharfen Messer ein Stück Stängel von der Pflanze ab, die Sie vermehren möchten. Der Schnitt verläuft knapp unterhalb eines Blattknotens. Entfernen Sie die unteren Blätter oder Blüten, falls vorhanden, und stecken Sie den Steckling in die Erde.

9 Ziehen Sie eine klare Plastiktüte über das fertige Pflanzgefäß, damit die Luftfeuchtigkeit so hoch bleibt wie in einem Mini-Gewächshaus. Kontrollieren Sie regelmäßig, ob die Erde feucht, aber nicht nass ist.

10 Der Steckling kann ins Beet oder in den Topf umziehen, wenn er genug Wurzeln gebildet hat. Den richtigen Zeitpunkt erkennen Sie daran, dass Sie einen Widerstand spüren, wenn Sie leicht an der Pflanze ziehen.

5

9

Weidentee für einen sicheren Start

Die Zweige der Weide *(Salix)* enthalten ein Pflanzenhormon, Indolbuttersäure genannt, das das Wurzelwachstum anregt. Die ebenfalls enthaltene Salicylsäure schützt die Schnittstelle am Stängel vor Pilz- und Bakterienbefall. Stellen Sie einen Tee aus Weidenzweigen her, um Ihren Stecklingen den Start zu erleichtern.

Material

junge Weidenzweige, bleistiftdick oder dünner

kochendes Wasser

Einmachglas

So gehen Sie vor

1 Schneiden Sie einige dünne Zweige von einer Weide, am besten diesjährige Triebe.

2 Entfernen Sie sämtliche Blätter und geben Sie sie auf den Kompost. Die Zweige schneiden Sie in 2–3 cm lange Stücke.

3 Füllen Sie das Glas zur Hälfte mit den Zweigen und gießen Sie mit dem kochenden Wasser auf. Über Nacht stehen lassen und am nächsten Tag abseihen.

4 Um Stecklinge direkt im Weidentee zu bewurzeln, verdünnen Sie ihn eins zu eins mit Wasser. Stecklinge, die in Erde wurzeln sollen, können Sie zuvor im Weidentee einweichen. Der Tee kann auch zum Gießen der Keimlinge verwendet werden. Im Kühlschrank hält er sich bis zu zwei Monate.

KAPITEL 3

Kompost

Pflanzenreste zu kompostieren, ist ein gänzlich natürlicher Prozess – umso erstaunlicher, dass manche Menschen ihn nicht nutzen. Dabei bekommt man auf diese Weise wunderbare Gartenerde frei Haus geliefert. Selbst wenn Sie nur einen kleinen Garten besitzen, können Sie mit Kompost Geld sparen und gleichzeitig Müll vermeiden. Und der Boden erhält neben Nährstoffen auch eine Fülle hilfreicher Bodenlebewesen.

Haben Sie sich reife Komposterde einmal genau angeschaut? Nehmen Sie eine Handvoll und untersuchen Sie dieses reichhaltige, dunkle Gärtnergold. Komposterde ist gleichmäßig dunkel gefärbt, hat eine leichte, lockere Struktur und riecht dezent nach Waldboden. Wenn Sie einen gesunden Garten schaffen wollen, dann ist dieses Material Ihr wirksamstes Mittel.

Zwar sieht Kompost ähnlich aus wie Gartenerde, er ist aber anders aufgebaut. Wie Sie aus Kapitel 1 sicherlich noch wissen, besteht Gartenerde aus Sand, Schluff und Ton. Kompost hingegen ist organisches Material, das von den Bodenlebewesen abgebaut wurde. Es ist Dünger, Bodenverbesserungsmittel und Mulch in einem.

Auf den Boden im Garten aufgebracht, verbindet sich der Kompost mit der Gartenerde, liefert zahlreiche Nährstoffe und verbessert die Struktur, sodass der Boden besser durchlüftet ist und gleichzeitig die Feuchtigkeit gut hält, ohne zu vernässen. Ein Hoch auf den Kompost!

Kompostieren ist nicht schwer, aber es reicht auch nicht aus, einfach die anfallenden Küchen- und Gartenabfälle auf einen Haufen zu kippen und nach einem Jahr nachzuschauen, ob Erde daraus geworden ist. Auch auf diese Weise wird irgendwann das organische Material abgebaut und in Komposterde umgewandelt sein, aber es gibt schnellere, sauberere und effektivere Methoden.

Rezepte für guten Kompost

Wie wertvoll Komposterde ist, hängt von vier Komponenten ab: Stickstoff, Kohlenstoff, Luft und Feuchtigkeit. Die Grundregel lautet: Je vielfältiger die Pflanzenreste sind, die auf den Komposthaufen oder in den Komposter wandern, desto reichhaltiger ist das Nährstoffangebot des reifen Komposts und desto mehr Bodenlebewese bevölkern ihn.

Die Nährstoffe sind dann perfekt ausgewogen, wenn eine einzelne Stickstoffquelle im Kompost nicht mehr als 20 Prozent des Volumens ausmacht.

1 TEIL STICKSTOFFQUELLEN (GRÜN)

Grüne Pflanzenreste enthalten besonders viel Stickstoff, dazu gehören Rasenschnitt, Laub, Pflanzenschnitt und Küchenabfälle. Dieses Material verrottet schnell und liefert den Bodenorganismen jede Menge Nahrung. Meist sind diese Pflanzenreste relativ feucht und schwer. Wenn Sie nicht genügend braunes Material untermischen, kann es daher passieren, dass der Komposthaufen schnell anfängt zu riechen. Problemen mit dem Kompost beugen Sie auch vor, indem Sie von jeder einzelnen Stickstoffquelle nur so viel kompostieren, dass ihr Anteil am Volumen an grünem Pflanzenmaterial nicht mehr als 20 Prozent beträgt.

2–3 TEILE KOHLENSTOFFQUELLEN (BRAUN)

Braune Pflanzenreste wie Äste, fein gehäckseltes Holz, Stroh oder auch Papier liefern besonders viel Kohlenstoff. Dieses Material ist trocken und voluminös, es sorgt dafür, dass genügend Luft an die grünen Pflanzenreste gelangt. Ohne die Stickstofflieferanten verrottet das braune Material allerdings nur langsam, da es die Feuchtigkeit nicht hält.

LUFT

Sauerstoff ist notwendig, damit die Mikroorganismen das Pflanzenmaterial verdauen und in Komposterde verwandeln. Natürlich können Sie auch einfach grüne und braune Pflanzenreste auf einen Haufen werfen und sie sich selbst überlassen. Aber wenn Sie für Durchlüftung sorgen, spornen Sie die Bodenlebewesen zu Höchstleistungen an und das Material verrottet deutlich schneller.

Setzen Sie den Komposthaufen ein- oder zweimal im Jahr um (wenn es nach Fäulnis riecht, dann öfter). Dazu schaufeln Sie mit der Forke das gesamte Material durch ein Sieb in einen neuen Behälter. Die fertige Komposterde fällt durch das Sieb, unverrottete Anteile bleiben hängen und wandern zurück auf den Komposthaufen. So gelangen Sie an die Komposterde und die Mikroorganismen bekommen frische Luft. Komposter sind so konstruiert, dass genügend Luft durch das verrottende Material zieht. Noch besser durchlüftet sind Trommelkomposter (siehe Seite 59–60).

Während die Mikroorganismen arbeiten, entsteht Wärme. Die Temperatur im Inneren des Kosthaufens kann auf über 60 °C steigen.

FEUCHTIGKEIT

Natürlich brauchen die Mikroorganismen auch Wasser, um ihre Arbeit zu erledigen. Allerdings sollte der Kompost nur feucht sein, nicht nass. In trockenen Perioden sollten Sie den Komposthaufen daher gießen. Wenn es über längere Zeit regnet, decken Sie ihn mit einer Plane ab.

Ist Herbstlaub braunes Material?

Die Farbe liefert nur einen Hinweis auf den Kohlenstoffgehalt. Trockenes Laub beispielsweise ist braun, enthält aber relativ viel Stickstoff und gehört daher zu den Stickstofflieferanten. Dasselbe gilt für Zweige, die anfallen, wenn Sie Bäume und Sträucher zurückschneiden. Laub und Zweige verrotten, ohne dass Sie weiteres grünes oder braunes Material hinzufügen müssen. Sie können diese Pflanzenreste getrennt kompostieren oder gemeinsam mit den restlich Gartenabfällen. Wichtig ist lediglich, dass Sie nicht das gesamte braune Material auf Ihrem Komposthaufen durch Herbstlaub ersetzen, sonst wird der Kompost zu nass und beginnt zu riechen.

Das gehört nicht in den Kompost

Große Kompostierwerke werden auch mit Garten- und Küchenabfällen fertig, die nicht auf den Komposthaufen im Garten gehören. Außerdem erhitzen sich die Kompostmieten dort über längere Zeit so sehr, dass Krankheitskeime und Samen abgetötet werden. Erkundigen Sie sich dennoch beim Kompostierwerk vor Ort, bevor Sie Dinge von der folgenden Liste in die Biomülltonne werfen.

Für den eigenen Komposthaufen eignen sie sich nicht:

- Pflanzenschutzmittel: Kompostieren Sie keine Reste von Pflanzen, die mit Insektenschutzmitteln oder Unkrautvernichter behandelt wurden.
- Abbaubare Biomülltüten: Verwenden Sie Papiertüten – oder lassen Sie die Tüten ganz weg.
- Schnitt von Nadelbäumen oder anderen immergrünen Pflanzen: Das Material verrottet zu langsam. Manche Harze behindern zudem den Abbauprozess.
- Fleisch, Knochen, Milchprodukte: Der Kompost zu Hause wird nicht heiß genug, um tierische Speisereste komplett zu zersetzen. Ungeziefer und Ratten werden angezogen.
- Hunde- und Katzenkot: Eventuell enthaltene Krankheitserreger könnten in den Boden gelangen.
- Reste von kranken Pflanzen: Krankheitserreger gelangen in den Boden und infizieren weitere Pflanzen.
- Samen: Der Kompost wird nicht heiß genug, um sie abzutöten.
- Große Äste oder Stämme: Sie verrotten zu langsam und sollten daher zerkleinert werden.
- Giftige, invasive oder wuchernde Pflanzen: Riskieren Sie nicht, giftige oder invasive Pflanzen wie den Gift-Sumach weiterzuverbreiten.

KOMPOST SOLLTE ANGENEHM RIECHEN

Wenn Sie den Eindruck haben, Kompost sei etwas Ekeliges und Dreckiges, dann machen Sie etwas falsch! Kompost sollte frisch riechen, nach Erde und Wald. Stinkt er, dann stimmt die Mischung nicht.

Zu viele grüne Pflanzenreste, zu viel von einer Sorte grünem Pflanzenmaterial oder zu viel Wasser sind Gründe für Vernässung und unangenehme Gerüche. Dann fehlen Kohlenstofflieferanten, die den Feuchtigkeitshaushalt ausgleichen. Entfernen Sie das riechende, durchnässte Material, füllen Sie mit braunen Pflanzenresten auf und setzen Sie den gesamten Komposthaufen mit der Forke um, damit alles gut durchlüftet wird. Meist ist das Problem damit behoben.

Fliegen, Maden, Ratten – nein, danke!

Heißen Sie Bakterien, Pilze, Regenwürmer und andere Bodenorganismen in Ihrem Kompost willkommen. Ohne deren Hilfe wird aus Pflanzenresten keine Komposterde. Andere Lebewesen dürfen aber gerne draußen bleiben. Mäuse bauen manchmal ein Nest im warmen Inneren. Sie teilen sich mit anderen Besuchern wie Ratten, Füchsen oder Insekten das reichhaltige Buffet. Sichern Sie Ihr Kompostsystem vor ungebetenen Gästen und kompostieren Sie nichts, was die Tiere anlockt, zum Beispiel Reste von gekochten Speisen.

Viele Insekten werden ihren Weg zum Komposthaufen finden – und das ist gut so! Fliegen, Käfer und andere Insekten bzw. deren Maden und Larven leisten mit Ihrem Appetit gute Dienste. Wenn eine Tierart überhandnimmt, etwa Fruchtfliegen, dann eliminieren Sie deren Lieblingsspeise, im Fall von Fruchtfliegen vor allem Obst. Eine Lage braunes Pflanzenmaterial auf Küchenabfällen hält Insekten meist gut unter Kontrolle.

Komposthaufen, Tonne oder Schnellkomposter?

Für welches Kompostsystem Sie sich entscheiden, hängt vor allem vom verfügbaren Platz ab. Sie können eine Ecke im Garten auswählen oder mehrere Komposter verteilen. In jedem Fall sollten sie leicht erreichbar, gut belüftet und leicht zu begutachten sein. Wenn Sie ein großes Grundstück besitzen mit verschiedenen Bereichen wie Gemüsegarten, Gehölz, Streuobstwiese und Blumenbeeten, dann sind mehrere verschiedene Systeme eventuell sinnvoll, die auf die jeweils anfallenden Pflanzenreste abgestimmt sind. Mit der fertigen Komposterde können Sie dann direkt vor Ort den Boden verbessern. In einem kleinen städtischen Garten sind kleine geschlossene Systeme wie Wurmkomposter oder Bokashi-Eimer ideal.

System	Beschreibung	Geeignet
Bokashi-Eimer	Der japanische Name steht für «fermentiertes organisches Material». Küchenabfälle werden mit speziellen Mikroorganismen besprüht und im geschlossenen Eimer kompostiert. Nach einigen Wochen wird der Inhalt in ein anderes Kompostsystem gegeben, um den Reifeprozess abzuschließen	Nur in Verbindung mit anderem (offenen/geschlossenen) Kompostiersystem
Drahtkomposter oder Holzkomposter mit Drahtgitter	Komposter aus engmaschigem Drahtgeflecht, das Nagetiere fernhält	Städtische Gärten, in denen Ratten, Mäuse und andere Tiere problematisch werden könnten
Drei-Kammer-System	Drei Kammern unter- oder nebeneinander: eine für frische Abfälle, eine zur Aufbewahrung der fertigen Komposterde, in der dritten findet die Kompostierung statt	Größere Gärten, Bauernhöfe
Holzkomposter	An den Seiten mit Holzlatten eingefasster Komposthaufen	Gärten, in die nur wenige Tiere eindringen
Kompostgrube	Loch im Boden, in dem Pflanzenreste unterirdisch verrotten	Jeder Garten
Komposthaufen	Haufen mit kompostierbarem Material	Große Gärten, Bauernhöfe, bewirtschaftete Wälder
Thermokomposter	Geschlossene Kunststofftonne mit Einfüllöffnung und Lüftungsschlitzen, die Wände sind wärmeisoliert, verschiedene Größen	Alle Gärten
Trommelkomposter	Geschlossenes System, das nicht direkt auf dem Boden steht. Der Kompost wird belüftet, indem die Tonne bewegt wird	Wohngebiete, kleine Gärten, in denen offene Systeme nicht erwünscht sind
Wurmkomposter	Kiste, oft mit zwei Kammern, die zugesetzten Kompostwürmer beschleunigen den Abbauprozess	Alle Gärten

Rezepte für Kompostbeschleuniger

Der Kompostiervorgang lässt sich beschleunigen. In den 1940er-Jahren entwickelte die englische Gärtnerin Maye Emily Bruce ein pflanzliches Kompostpräparat, mit dem sich Gartenabfälle in vier bis sechs Wochen in wertvolle Komposterde verwandeln. Das Originalrezept besteht aus sechs Zutaten: Brennnessel, Löwenzahn, Kamille, Schafgarbe, Baldrian und Eichenrinde. Die Bestandteile werden getrocknet und zu Pulver verarbeitet. Dieses Pulver wird mit Honig und Milchpulver gemischt und auf jede Lage Pflanzenreste gestreut. Der Kompostplatz wird so abgedeckt, dass die Wärme nicht entweicht, die Luft aber zirkulieren kann. Andere Rezepte enthalten kein Milchpulver, stattdessen wird das Pulver mit Honig und Regenwasser gemischt. In jedem Fall ist die benötigte Menge äußerst gering.

Anstelle dieses Kompostpräparates können Sie auch ihre eigene Mischung aus den folgenden Pflanzen herstellen, die ebenfalls die Rotte beschleunigen.

Kompostbeschleuniger

Walderdbeere *(Fragaria vesca)*

Luzerne *(Medicago sativa)*

Schwarzer Holunder *(Sambucus nigra)*

Ringelblume *(Calendula officinalis)*

Echte Kamille *(Matricaria chamomilla)*

Beinwell *(Symphytum officinale)*

Löwenzahn *(Taraxacum officinale)*

Gewöhnliche Stockrose *(Alcea rosea)*

Eichenrinde *(Quercus robur)*

Salbei *(Salvia officinalis)*

Brennnessel *(Urtica dioica)*

Baldrian *(Valeriana officinalis)*

Krauser Ampfer *(Rumex crispus)*

Noch einfacher

Sie haben keine Zeit – oder keine Lust – Pflanzen anzubauen, zu ernten, zu trocknen und zu mahlen? Dann werfen Sie die kompletten Pflanzen auf den Komposthaufen. Besonders Beinwell wirkt wie ein Komposturbo. Viele Gärtner pflanzen ihn daher neben den Kompostplatz. Ab und zu schneiden sie ein paar Blätter und Stängel ab und werfen sie in die Tonne.

Weitere Beschleuniger

In Mist und gesundem Boden tummeln sich Bakterien, Pilze, Insekten, Würmer und andere Kleinstlebewesen. Sie alle beschleunigen den Rotteprozess. Eine Schaufel eines oder mehrerer der folgenden Materialien bringt den Komposthaufen auf Touren:

- Abfälle aus der Pilzzucht (Pilzkompost)
- verrotteter Mist (kein Haustierkot)
- gesunde Gartenerde
- Waldboden aus einem gesunden Wald

So gehen Sie vor

Pflanzen Sie die Kompostbeschleuniger in Ihrem Garten an oder ernten Sie in der freien Natur – aber nur an Orten, an denen es erlaubt ist und genügend Exemplare stehen. Lassen Sie samentragende Zweige oder Stängel und Wurzeln intakt, damit sich die Pflanzen weiter vermehren können.

1 Hängen Sie die geernteten Pflanzen an einem kühlen, trockenen Ort auf, bis sie vollständig trocken sind und zwischen den Fingern zerrieben werden können.

2 Entfernen Sie harte oder verholzte Teile und Rinde. Mahlen Sie die getrockneten Pflanzen in einer Kaffeemühle oder in einem Mixer, den Sie nur für die Gartenarbeit verwenden. Die verholzten Teile und die Rinde schneiden Sie in kleine Stücke und mahlen sie ebenfalls in der Kaffeemühle.

3 Wenn alle Pflanzen gemahlen sind, vermischen Sie sie und füllen sie in ein Glas. Beschriften Sie das Glas und bewahren Sie es an einem kühlen, trockenen Ort auf.

Den Turbo einschalten

Immer wenn Sie eine neue Lage Garten- und Küchenabfälle auf den Komposter geworfen haben, streuen Sie etwas Pulver darauf. Wenn der Komposter bereits voll ist, verteilen Sie einfach nachträglich eine Viertel- bis ganze Tasse (60–250 ml) Kompostbeschleuniger und mischen den Kompost anschließend durch, um das Pulver gut zu verteilen.

Wurmkomposter selber bauen

Im Wurmkomposter lassen Sie Würmer für sich arbeiten: Die Tiere verdauen Küchen- und Gartenabfälle und hinterlassen Komposterde, bestehend aus Wurmkot. Wurmkompost hat eine feine Struktur, hält gut die Feuchtigkeit und ist so nährstoffreich wie ein Dünger. Die Zusammensetzung der Nährstoffe wie Stickstoff, Phosphor und Kalium (NPK) hängt davon ab, was die Würmer zu fressen bekommen. Der insgesamt hohe Gehalt und die vielen enthaltenen Mikroorganismen machen Wurmkompost zu einem exzellenten Bodenverbesserungsmittel. Außerdem macht es Spaß, einen Wurmkomposter zu basteln und ein paar Würmer einzustellen, die sich mit Küchenabfällen entlohnen lassen.

Wie bei jedem Komposter sind vier Komponenten wichtig: grünes und braunes Pflanzenmaterial, Wasser und Luft. Das grüne Material aus Küche und Garten dient als Nahrung, das braune als Bettstatt (die die Würmer früher oder später ebenfalls vertilgen werden). Das Wasser, das in den Abfällen enthalten ist, reicht meist aus. Luft gelangt durch Löcher in den Seiten und durch locker geschichtetes Material in den Komposter. Dann kommt die fünfte Komponente ins Spiel: die Würmer.

Die Würmer sind nicht identisch mit Regenwürmern, die Sie im Garten finden. Man verwendet andere Arten wie den Kompostwurm *(Eisenia fetida)* und den Roten Waldregenwurm *(Lumbricus rubellus)*, denn sie sind aktiver: Sie lieben es, zu fressen und sich zu vermehren. Sobald Sie Ihren Wurmkomposter in Betrieb nehmen und mit Würmern bestücken, werden die Tiere beginnen, das Pflanzenmaterial zu verdauen. Innerhalb eines Monats wird sich ihre Zahl verdoppelt haben. Erst wenn das Angebot an Nahrung oder Platz knapp wird, vermehren sie sich langsamer oder gar nicht mehr. Machen Sie sich keine Gedanken darüber, ob Sie die Wurmpopulation verkleinern müssen – die Tiere managen das in der Regel selbst. Ihre Aufgabe ist es, ihnen ein schönes Zuhause zu bieten, sie vor harscher Witterung zu schützen und mit Nahrung zu versorgen.

Ich habe unterschiedliche Kisten ausprobiert, die in der Abbildung dargestellte Variante erscheint mir besonders praktikabel. Sie ist kompakt, einfach in der Handhabung und ideal für kleine städtische Gärten. Natürlich funktioniert dasselbe Design auch mit größeren Behältern. In der untersten Kiste sammelt sich das überschüssige Wasser (Sickerwasser). In der mittleren befindet sich die fertige Komposterde und in der oberen leben die Würmer in Saus und Braus, also in Ihren Küchen- und Gartenabfällen.

Material

2 Plastikkisten, eine davon mit Deckel

1 flache Plastikwanne in derselben Größe

Bohrer oder Hammer und Nagel

4 Holzblöcke als Abstandhalter

trockenes Material wie zerrissenes Zeitungspapier, Stroh oder Laub als Streu

etwa 500 Würmer

4 Tassen (1 Liter) Küchenabfälle

1

2

3

So gehen Sie vor

1 Bohren Sie Löcher in die Böden der beiden Kisten. Die Löcher sollten so groß sein, dass die Würmer hindurchpassen. Wenn der Boden der Kisten nicht ganz eben ist, sollten Sie am tiefsten Punkt besonders viele Löcher anlegen, um sicherzustellen, dass das überschüssige Wasser heraussickern kann.

2 Ebenfalls mit Bohrer oder Hammer und Nagel machen Sie einige Luftlöcher in die Seitenwände. Die Linie aus Löchern sollte sich rings um die Kiste ziehen, und zwar so weit oben, dass sie frei bleiben, wenn Sie die Kisten ineinanderstapeln.

3 Befüllen Sie eine Kiste zu etwa einem Drittel mit der trockenen Streu. Mit Wasser besprenkeln, bis sie so feucht ist wie ein ausgewrungener Schwamm.

4 Setzen Sie die Würmer in eine Ecke der Kiste.

5 Geben Sie die grob zerkleinerten Küchenabfälle auf die Würmer.

6 Decken Sie alles mit einer Lage aus trockener Streu ab, zum Beispiel einer Mischung aus Stroh, Laub oder zerschnittenem Zeitungspapier.

7 Setzen Sie nun alles zusammen: Die Holzblöcke kommen in die flache Wanne, um Platz zu schaffen, damit das Wasser heraussickern kann. Wenn Sie größere Kisten verwenden, brauchen Sie eventuell weitere Holzblöcke, damit der Wurmkomposter stabil steht. Nun die leere Kiste auf die Blöcke stellen und etwas Streu einfüllen. Das lockt die Würmer an.

8 Setzen Sie die Wurmkiste oben auf und schließen Sie sie mit dem Deckel.

9 Stellen Sie den Komposter nach draußen – im Sommer in eine kühle, schattige Ecke, im Winter an einen wärmeren, geschützten Platz. Die Temperatur sollte zwischen 5 und 30 °C liegen. In Regionen mit sehr kaltem Winter sollte der Komposter in die Garage umziehen. Wenn es nicht gar so kalt ist, reicht eine Decke, die Sie bei Bedarf über die obere Kiste legen.

Rezepte für Wurmfutter

Die Würmer werden dankbar alles auffressen, was Sie Ihnen an Nahrung bieten. Für eine gesunde Umgebung und ein ausgewogenes Endprodukt sollten Sie dennoch dieselbe Daumenregel anwenden wie bei normalem Kompost: nicht mehr als 20 Prozent von einem Pflanzenmaterial.

Material
Küchen- und Gartenabfälle wie:

rohes Gemüse

Eierschalen

Kaffeesatz

Blüten

Blätter

Besser vermeiden:
gekochte Speisen, Milchprodukte, Fleisch, Knochen, Essig, Öl, Zitrusfrüchte, sehr Saftiges (z. B. Tomaten, Wassermelone)

Kompostieren Sie keine Samen. Die Würmer produzieren bei ihrer Verdauung nicht genug Hitze, um Samen abzutöten. Im Wurmkot keimen Samen sogar besonders gut!

Würmer leben vegan, glutenfrei und bevorzugen rohes Gemüse.

So gehen Sie vor

1 Geben Sie die Pflanzenreste einmal pro Woche in eine Ecke der oberen Kiste. In der nächsten Woche nutzen Sie eine andere Ecke. Nach vier Wochen haben die Würmer das Futter in der ersten Ecke verdaut.

2 Die Würmer überleben einen Monat ohne Nahrung mit Leichtigkeit. Fahren Sie also unbesorgt in Urlaub. Die Würmer werden solange die Stellung halten und sich auf Ihre Rückkehr freuen.

Troubleshooting

Wenn der Wurmkomposter anfängt zu riechen, ist dies ein Zeichen dafür, dass etwas nicht stimmt. Worin das Problem besteht, offenbart meist ein Blick in die vier Ecken der Kiste. Vielleicht lagen in einer Ecke zu viele saure Lebensmittel und der niedrige pH-Wert hat die Würmer dort vertrieben. Stattdessen finden Sie die Tiere weiter entfernt an einer Stelle, an der ihnen die Bedingungen mehr zusagen. Entfernen Sie das Material, das die Probleme vermutlich verursacht, und ersetzen Sie auch die Streu an dieser Stelle. Damit sollte das Problem schnell behoben sein.

Nur für Würmer

Fruchtfliegen haben keine Chance, wenn die Streu oben auf den Küchenabfällen trocken ist und alles gut abdeckt. Bei Bedarf lassen Sie außerdem Obstreste weg, denn sie ziehen die Fliegen magisch an. Wenn das alles nicht hilft, stellen Sie eine Fruchtfliegenfalle in die trockene Streu (Kapitel 5). Die Insekten werden darin ertrinken.

Wurmkompost ernten

Die obere Kiste des Komposters enthält Würmer, Streu und Wurmfutter. Das Sickerwasser tropft durch die Löcher in die Kiste darunter und sammelt sich in der Wanne. Aus der mittleren Kiste entnehmen Sie die fertige Komposterde.

Der Wurmkompost ist nach drei bis vier Monaten reif.

Wurmkompost ernten

Unterbrechen Sie für ein paar Wochen die Wurmfütterung, damit die Tiere sämtliche Pflanzenreste vertilgen. Entnehmen Sie dann die obere Streuschicht und versammeln Sie die Würmer in der Mitte der Kiste.

Bauen Sie in der leeren Kiste mit Streu und Küchenabfällen ein neues Zuhause für die Würmer – so wie Sie es mit der oberen Kiste gemacht haben, nur ohne Würmer.

Setzen Sie den Komposter wieder zusammen: Die frisch bestückte Kiste steht zuoberst, dann kommt die Kiste mit den Würmern, darunter die Wanne. Die Tiere werden durch die Löcher den Weg zum Futter finden.

Sobald alle Würmer das alte Futter verdaut haben und in die neue Kiste umgezogen sind, können Sie den Wurmkompost aus der mittleren Kiste ernten.

Zweites Zuhause

Vielleicht möchten Sie irgendwann einmal ein paar Würmer verschenken oder einen zweiten Komposter aufsetzen. Dann können Sie Ihre Wurmpopulation teilen. Entfernen Sie dazu die obere Streuschicht, kippen Sie den restlichen Inhalt auf ein Tuch oder Tablett und legen Sie es in die Sonne. Die Würmer werden bald vor dem Licht flüchten und sich zusammendrängen. Streifen Sie das Material vorsichtig beiseite, bis Sie die Würmer erreichen, und verfrachten Sie einen Teil in das neue Zuhause.

Komposttees, -extrakte und -jauche

Komposttee ist ein Präparat, das im Wesentlichen aus Wasser und Kompost hergestellt wird und wertvolle Mikroorganismen und wasserlösliche Nährstoffe enthält. Je nach Herstellungsprozess ist auch von Extrakt oder Jauche die Rede, die Begriffe werden allerdings nicht einheitlich verwendet. Im Garten ausgebracht, regen die Mikroorganismen die Aktivität im Boden an, wodurch sich die Struktur und die Bodeneigenschaften verbessern. Aufgrund der hohen Nährstoffdichte wirkt Komposttee außerdem wie ein Dünger. Das Ergebnis sind ein lebendiger Boden und gesunde Pflanzen. Aber auch als Blattspray leistet Komposttee gute Dienste, denn die enthaltenen Mikroorganismen helfen, Krankheiten vorzubeugen oder zu behandeln. Das klingt einfach und einleuchtend.

Dennoch halten die Diskussionen über den Wert von Komposttee an. Manche Experten sind der Meinung, man könne den Boden genauso gut mit reinem Wasser gießen, während andere auf das Präparat schwören. Diese Uneinigkeit ergibt durchaus Sinn, schließlich ist die Zusammensetzung von Kompost so vielfältig wie die Materialien, aus denen er entsteht. Noch dazu gibt es verschiedene Methoden, um den Tee herzustellen. Komposttee ist also alles andere als ein standardisiertes Präparat mit einer bestimmten Wirkung. Am besten, Sie probieren es einfach aus. Für Komposttee gilt dasselbe wie für alle anderen Rezepte in diesem Buch: Experimentieren Sie und beobachten Sie die Wirkung, dann finden Sie heraus, was für Sie in Ihrem Garten am besten funktioniert.

Sicherheitsaspekte: Fehler vermeiden

Komposttee herzustellen ist einfach, aber wenn Sie Mikroorganismen vermehren, besteht immer auch die Möglichkeit, dass Sie aus Versehen nicht die gewünschten, sondern andere schädliche Mikroorganismen anzüchten. Mit den folgenden Grundsätzen können Sie dies vermeiden:

- Ausgangsstoff ist hochwertige, reife Komposterde. Sie sollte sauber und frisch riechen und vollständig kompostiert sein. Die einzelnen Partikel sollten in etwa die gleiche Größe und Farbe haben.
- Verwenden Sie Regenwasser oder nicht gechlortes Leitungswasser.
- Verwenden Sie keinen Tierdung.
- Wässern Sie probeweise einige Topfpflanzen oder eine kleine Gartenecke mit dem selbst hergestellten Tee. Sparen Sie alle essbaren Pflanzen aus.
- Der fertige Komposttee sollte ebenfalls nur einen leichten Geruch verströmen. Wenn er riecht, als ob er schlecht geworden ist, dann ist das vermutlich auch der Fall. Bringen Sie ihn dann nicht im Garten aus.
- Bewahren Sie den Tee nicht auf. Sobald er fertig ist, sollten Sie ihn verwenden. Reste schütten Sie am besten fort.
- Wenn Sie sich grundsätzlich unsicher bezüglich der Qualität Ihres Komposttees sind, können Sie eine Probe an ein Labor schicken und begutachten lassen. Erkundigen Sie sich vorab über das Prozedere.
- Vielleicht werden in Ihrer Nachbarschaft auch Workshops angeboten. Sie sind eine wunderbare Gelegenheit, Fragen zu stellen und die Gegebenheiten vor Ort einzubeziehen. Und Sie lernen andere Gärtner kennen und können von deren Erfahrungen profitieren.

Von der Natur abgeschaut: Kompost ausbringen

Die einfachste Methode, den Boden in den Genuss von Komposttee kommen zu lassen, ist, Mutter Natur diese Aufgabe zu überlassen. Dafür benötigen Sie allerdings eine größere Menge reife Komposterde, denn die Schicht, die Sie auf den Beeten ausbringen, sollte 3–5 cm dick sein. Die Komposterde bedecken Sie mit einer etwa 5 cm dicken Mulchschicht. Auf diese Weise können die im Kompost lebenden Mikroorganismen in geschützter Atmosphäre beginnen, in den Boden einzuwandern und dort vorhandene Pflanzenreste abzubauen. Regen und Gießwasser sorgen dafür, dass die fleißigen Helfer zusammen mit den Nährstoffen aus dem Kompost in tiefere Bodenschichten vordringen. Dort nehmen die Pflanzen über ihre Wurzeln die Mineralien mit dem Wasser auf.

Nach Omas Rezept: Komposttee

Bei diesem Rezept gehen Sie ähnlich vor, wie wenn Sie sich zu Hause eine Tasse Tee aufgießen. Es ist die einfachste Methode, einen Komposttee herzustellen. Da man aber kein heißes Wasser verwendet (das würde die Mikroorganismen abtöten), spricht man auch von Kompostextrakt.
Der Gedanke dahinter ist derselbe wie bei Kamillen- oder Pfefferminztee: Die wasserlöslichen Inhaltsstoffe gehen in das Wasser über. Natürlich könnten Sie auch die Blätter und Blüten direkt essen, aber durch das Lösen mit Wasser sind einige Inhaltsstoffe für den Körper leichter verfügbar.
Andere Stoffe, wie beispielsweise Ballaststoffe, gehen durch das Absieben verloren. Ähnlich verhält es sich mit Komposttee: Er fügt dem Boden kaum organische Substanz zu. In einem verarmten Boden, der kaum organisches Material enthält, finden die Mikroorganismen aus dem Komposttee kaum Nahrung, um sich weiter zu vermehren. Reichern Sie den Boden also mit ausreichend organischem Material an, bevor Sie ihn mit dem Tee wässern. Erst dann können die Mikroorganismen ihre Arbeit erledigen.

Material
1 Teil hochwertige, reife Komposterde
20 Teile Regen- oder Leitungswasser
Gießkanne oder Eimer

So gehen Sie vor

Mischen Sie Wasser und Kompost in einem Eimer oder einer Tonne. Lassen Sie den Kompost bis zu vier Stunden ziehen und rühren Sie zwischendurch zwei- oder dreimal um. Bevor Sie den Tee ausbringen, mischen Sie noch einmal alles gut durch. Die Komposterde brauchen Sie nicht herauszufiltern.

Methode der Alchemisten: Kompostjauche

Bei der Rezeptur für den Komposttee habe ich den Kräutertee als Anschauungsbeispiel verwendet. Um bei diesem Beispiel zu bleiben: Was würde nun passieren, wenn Sie den Tee vergessen und mitsamt den Blättern ein paar Tage stehen lassen würden? Er würde schlecht werden. Bei Zimmertemperatur würden sich Bakterien ansiedeln und die Kräuter als Nahrung nutzen. Nach einer Woche wäre es wenig empfehlenswert, dieses vermutlich nicht so lecker riechende Gebräu noch zu trinken! In der Kompostjauche sind Mikroorganismen allerdings erwünscht – solange es die richtigen sind. Als Grundsatz gilt: Die wertvollen Mikroorganismen lieben Sauerstoff, die schädlichen bevorzugen stehendes Wasser, am liebsten unter Luftabschluss. Für die Kompostjauche ist es daher wichtig, fortwährend Luft in den Eimer zu pumpen, damit sich die richtigen Lebewesen vermehren. Dazu sind spezielle Geräte mit unterschiedlichem Fassungsvermögen im Handel. Alternativ bauen Sie sich eines aus einem 20-Liter-Eimer, einer Aquariumpumpe und einem Kissenbezug.

Material

Kompostjauchebereiter mit 20 l Fassungsvermögen

kleiner Kissenbezug (30×30 cm)

1 Tasse (250 ml) hochwertiger, reifer Kompost

1 Tasse Wurmkompost

1 Esslöffel wasserlösliche Algen

Regen- oder Leitungswasser

So gehen Sie vor

1 Füllen Sie Wasser in den Behälter. Folgen Sie der Bedienungsanleitung Ihres Kompostjauchebereiters und lassen Sie die Belüftung eine Stunde laufen.

2 Geben Sie die übrigen Zutaten in den Kissenbezug und legen Sie ihn in das Wasser. Je nach Gerät können Sie die Zutaten auch direkt ins Wasser geben und später heraussieben.

3 Lassen Sie die Belüftung für weitere 24 Stunden bei 22 °C laufen. Ist es wärmer, verkürzen Sie die Zeit, ist es kälter, lassen Sie die Maschine länger laufen.

4 Gießen Sie die fertige Kompostjauche in eine Gießkanne oder einen Eimer und verwenden Sie sie sofort.

Wurmkomposttee

Für diesen Komposttee verwenden Sie ausschließlich Wurmkompost: 1 Teil Wurmkomposterde mit 10 Teilen Wasser mischen und bis zu zwölf Stunden stehen lassen. Verwenden Sie den Tee als Bodenverbesserungsmittel oder Blattspray.

Sickerwasser oder Komposttee?

Sowohl im Wurmkomposter als auch bei normalen Kompostern entsteht Wasser, während das Pflanzenmaterial abgebaut wird. Beim Komposthaufen versickert es einfach im Boden. Geschlossene Systeme hingegen brauchen Drainagelöcher, durch die das Wasser abfließen kann, und eine Auffangwanne. Auch diese Flüssigkeit wird manchmal Komposttee genannt, aber genau genommen handelt es sich nur um das Sickerwasser aus dem Kompost. Komposttee entsteht durch Aufgießen des fertigen Komposts, das Sickerwasser hingegen enthält Anteile aus allen Stadien der Kompostierung. Auch das Wasser aus frischen Obst- und Gemüseresten oder sogar Regenwasser sammelt sich in der Auffangwanne. Diese Anteile stammen nicht direkt aus dem Kompostierprozess, sie sind nicht das Ergebnis mikrobieller und chemischer Abbauprozesse. Das Sickerwasser kann daher ganz andere Eigenschaften haben als ein Komposttee.

Aber auch hier gilt: Probieren Sie es aus. Es ist unmöglich zu sagen, welche Inhaltsstoffe im Sickerwasser zu finden sind (vielleicht Reste der Wassermelone, die Sie gerade gegessen haben?) und welche Wirkung es hat, aber einen Versuch mag es wert sein. Gießen Sie das Sickerwasser durch ein feines Sieb, um Samen, die möglicherweise noch lebensfähig sind, herauszufiltern, und wässern Sie testweise einzelne Beete damit.

Kerr

KAPITEL 4

Dünger und Gartentees

Neben einer guten Bodenstruktur ist das Nährstoffangebot essenziell für einen gesunden Garten. Für üppiges Wachstum sorgen vor allem die primären Nährstoffe Stickstoff, Phosphor und Kalium, zu den sekundären Nährstoffen zählen Schwefel, Kalzium und Magnesium. Daneben gibt es weitere Mikronährstoffe wie Eisen oder Mangan.

Pflanzen, die an ihrem natürlichen Standort wachsen, sind in der Lage, alle Nährstoffe, die sie benötigen, aus dem Boden und der Luft zu beziehen. In der Natur fällt abgestorbenes Pflanzenmaterial zu Boden und bleibt dort liegen. Es dient einer Reihe von Kleinstlebewesen, die im Boden leben, als Nahrung. Während diese Mikroorganismen die Pflanzenreste abbauen, werden die darin enthaltenen Nährstoffe frei und können von den Pflanzen über die Wurzeln wieder aufgenommen werden. So entsteht ein Nährstoffzyklus.

Die Pflanzen in unserem Garten stammen häufig nicht aus der Region, in der wir leben. Vor allem aber unterbrechen wir den natürlichen Nährstoffzyklus: Anstatt herabgefallene Blätter und Blüten vor Ort verrotten zu lassen, säubern wir die Beete von abgestorbenem Pflanzenmaterial. Bei Obst- und Gemüsepflanzen ernten wir Wurzeln, Früchte, Samen oder Blätter. Wir entnehmen also fortwährend pflanzliches Material und entziehen dem Boden somit die Nährstoffe. Damit die Pflanzen dennoch üppig wachsen und gesund bleiben, müssen wir sie mit den Nährstoffen, die sie brauchen, versorgen.

Meist reicht es aus, Komposterde und organisches Mulchmaterial auf den Beeten auszubringen. Die darin enthaltenen Nährstoffe kurbeln das Pflanzenwachstum an. In bestimmten Situationen kann ein zusätzlicher Dünger notwendig sein. Hierfür sind beispielsweise Zimmerpflanzen, schnell wachsende einjährige Sommerblumen, Topfpflanzen und einige besondere Gartenschönheiten dankbar.

Natürlicher oder künstlicher Dünger?

Ausgangsmaterial der natürlichen Dünger sind natürliche Mineralien, pflanzliche und tierische Produkte. Künstliche Dünger werden aus Chemikalien synthetisiert. Pflanzen können beide Formen aufnehmen, aber es gibt einen wichtigen Unterschied. Die Nährstoffe in synthetischen Düngern sind für Pflanzen schnell verfügbar. Daher besteht grundsätzlich die Gefahr, die Pflanzen durch Überdüngung zu schädigen. Außerdem werden Nährstoffe, die die Pflanzen nicht sofort aufnehmen, mit dem nächsten Regen ausgewaschen und gelangen dann möglicherweise ins Grundwasser oder verursachen auf angrenzenden Flächen und in Gewässern ökologische Schäden.

Natürliche Dünger verzeihen Dosierungsfehler eher, weil sie meist nicht so schnell pflanzenverfügbar sind. Bodenorganismen wie Bakterien, Pilze und Insekten müssen die Stoffe erst abbauen, bevor die Nährstoffe frei werden. Dies hat drei Effekte: Zum einen werden die Bodenlebewesen aktiviert. Zum anderen werden die Nährstoffe erst nach und nach verfügbar und gehen somit nicht so schnell verloren. Und schließlich vergrößern die Pflanzen ihr Wurzelsystem, um an die Nährstoffe zu gelangen, wodurch sie sich besser im Boden verankern und Wasser besser aufnehmen können. Somit bieten natürliche Dünger die Möglichkeit, das Pflanzenwachstum anzuregen und gleichzeitig das Bodenleben zu schützen.

Primäre Nährstoffe

Stickstoff, Phosphor und Kalium (NPK) benötigen Pflanzen in größeren Mengen. Ein Mangel an diesen primären Nährstoffen oder ein Ungleichgewicht kann die Pflanzengesundheit erheblich beeinträchtigen.

Stickstoff (N) regt das Wachstum der oberirdischen Pflanzenorgane an. Dieses Element spielt auch bei der Fotosynthese eine wichtige Rolle. Ein Überangebot an Stickstoff kann dazu führen, dass die Pflanzen zwar groß werden und viele Blätter, aber kaum Blüten und Früchte bilden.

Phosphor (P) stimuliert die Wurzel- und Blütenbildung. Junge Pflanzen brauchen besonders viel Phosphor. Das Element ist an nahezu allen lebenswichtigen Prozessen in der Pflanze beteiligt.

Kalium (K) ist für gesunde, wüchsige Pflanzen unerlässlich. Es erhöht die Widerstandskraft gegen Krankheiten.

Sekundäre Nährstoffe

Hierzu zählen Schwefel, Kalzium und Magnesium. Die sekundären Nährstoffe sind ebenso wichtig wie die primären, werden aber in geringeren Mengen benötigt.

Kalzium (Ca) ist unter anderem wichtig für die Entwicklung der Zellen und speziell der Wurzeln. Es spielt bei der Fruchtreifung eine besondere Rolle.

Magnesium (Mg) hilft den Pflanzen, Phosphat, Stickstoff und Schwefel aufzunehmen. Es ist wichtig für die Samenreifung und die Keimung.

Schwefel (S) erleichtert die Aufnahme von Kalzium, Magnesium und Kalium.

Mikronährstoffe

Eisen, Zink, Molybdän, Mangan, Bor, Kupfer, Kobalt, Silizium und Chlor sind wichtige Mikronährstoffe. Damit Pflanzen gut wachsen, widerstandsfähig gegen Krankheiten sind und Schädlinge effektiv abwehren können, sollten auch diese Elemente im Boden verfügbar sein.

Den Boden verbessern

Während Dünger dem Boden vor allem Nährstoffe zuführen und das Bodenleben aktivieren, können Bodenverbesserungsmittel zusätzlich die Struktur und den pH-Wert verbessern. Ein Boden mit guter Struktur enthält kleine Hohlräume, in denen die Wurzeln Luft und Wasser finden.

Organische Bodenverbesserungsmittel übernehmen meist beide Aufgaben. Indem Sie beispielsweise jedes Jahr Kompost und organisches Mulchmaterial ausbringen, fügen Sie Ihrer Gartenerde organisches Material zu, das den Boden belüftet, die Feuchtigkeit hält und nach und nach Nährstoffe abgibt, während es verrottet. Wenn sich Ihre Pflanzen dennoch nicht gesund entwickeln, Schädlinge überhand nehmen oder Krankheiten sich ausbreiten, ist es Zeit für weitere – natürliche – Maßnahmen.

Beobachten, experimentieren, testen

In Bezug auf Dünger und Bodenverbesserungsmittel ist es sinnvoll zu wissen, was für einen Boden Sie im Garten haben und in welchem Zustand er ist. Es sind einfache Testsets im Handel, mit denen Sie den NPK-Gehalt bestimmen können. Häufig wird empfohlen, eine Probe in einem Labor analysieren zu lassen, um weitere Parameter zu erfassen. Aber für die meisten Gartensituationen ist das nicht notwendig. Oft umfassen diese Tests nur die Bodenstruktur, den pH-Wert und einige Nährstoffe. Hierfür eignen sich jedoch auch die Tests, die in Kapitel 1 beschrieben wurden (siehe Seite 14–19). Der Rest ist Beobachten und Experimentieren.

Anders sieht es aus, wenn Sie den Verdacht hegen, dass Ihr Boden mit Giftstoffen wie Schwermetallen, Insektiziden oder Unkrautvernichtern verseucht sein könnte. Dann kann ein Bodenlabor Klarheit schaffen und gegebenenfalls Empfehlungen liefern, wie der Boden zu regenerieren ist.

Unterm Strich bedeutet das: Wenn Sie keine Landwirtschaft betreiben und keine besonderen Probleme mit der Gesundheit Ihres Boden haben, genügt es, die Rezepte und Anregungen in diesem Buch auszuprobieren. So schaffen Sie eine gesunde Grundlage in Ihrem Garten und lernen darüber hinaus, was auf Ihrem Grundstück am besten funktioniert.

KOMPOST

Eigene Komposterde hat gleich mehrere Vorteile: Sie ist umsonst, ganzjährig verfügbar, versorgt den Boden mit organischem Material, unterstützt das Bodenleben und die Bodenstruktur. Bringen Sie Komposterde daher regelmäßig auf den Beeten aus.

KALK

Gartenkalk besteht aus Kalksteinmehl und ist ein langsam wirksames Bodenverbesserungsmittel für saure Böden. Das enthaltene Kalziumcarbonat hebt den pH-Wert und wirkt gleichzeitig als Pflanzennährstoff. Oft ist auch Magnesium enthalten.

ROHPHOSPHAT

Gemahlenes Phosphatgestein gibt das Phosphat nur sehr langsam ab. Obendrein enthalten die meisten Gartenböden genug Phosphat, sodass sich ein spezieller Phosphatdünger erübrigt (siehe Kasten auf Seite 84).

GESTEINSMEHL

Gesteinsmehl, auch als Urgesteinsmehl bezeichnet, ist ein mineralienreicher Bodenhilfsstoff. Das sehr fein gemahlene Material versorgt den Boden vor allem mit sekundären Nährstoffen wie Magnesium, Eisen und Mangan und mit Spurenelementen. Darüber hinaus verbessert Gesteinsmehl die Bodenstruktur und damit die Durchlässigkeit und das Wasserhaltevermögen.

GLAUKONITSAND

Glaukonit ist ein natürliches Mineral und reich an Eisen, Kalium, Magnesium und Mangan. Glaukonitsand sorgt dafür, dass der Boden Nährstoffe besser hält. In Bezug auf den Wasserhaushalt wirkt Glaukonitsand in beide Richtungen: In sandigen Böden verbessert er die Wasserhaltefähigkeit, schwere Böden werden besser drainiert. Zudem kann er in harte, verdichtete Böden eingearbeitet werden, um die Bodenstruktur aufzulockern.

KNOCHENMEHL

Für diesen Dünger werden Tierknochen fein vermahlen. Knochenmehl enthält besonders viel Phosphor. Immer wieder wird empfohlen, beim Pflanzen von Bäumen und Sträuchern Knochenmehl in das Pflanzloch zu geben. Die meisten Gartenböden sind aber ohnehin reich an Phosphor (siehe Kasten auf Seite 84), sodass ein Phosphatdünger entbehrlich ist.

BLUTMEHL

Hierbei handelt es sich um ein Nebenprodukt der fleischverarbeitenden Industrie. Blutmehl ist besonders reich an Stickstoff und enthält viele Spurenminerale. Man kann es als trockenes Pulver kaufen, auch in manchen organischen Düngemischungen ist es enthalten (allerdings stammt das Blut nicht notwendigerweise von zertifizierten Biohöfen). Luzernenmehl ist eine pflanzliche Alternative mit ähnlichem Anwendungsbereich.

LUZERNENMEHL

Luzernen, auch als Alfalfa bekannt, enthalten viel Stickstoff und Kalium, außerdem finden sich eine Reihe weiterer Mineralien, Vitamine, Aminosäuren sowie das Wachstumshormon Triacontanol. Luzernen können zu Mehl gemahlen oder als Gründüngung angebaut und in den Boden eingearbeitet werden. Auch als Turbo für den Komposthaufen empfehlenswert.

KELPMEHL

Kelpmehl, auch als Kelppulver im Handel, wird aus Braunalgen gewonnen. Es enthält nur wenig Stickstoff und Kalium, dafür aber etliche leicht verfügbare Spurenelemente. Es verbessert die Bodenstruktur und remineralisiert ausgelaugte Böden. Die Nährstoff- und Wasserhaltefähigkeit wird verbessert. Der Effekt von Kelpmehl auf die Bodengesundheit kann viele Jahre anhalten.

HOLZASCHE

Mit Holzasche lässt sich der pH-Wert anheben. Sie ist zudem eine gute Quelle für Kalium, Kalzium und Magnesium. Asche kann zu Schäden durch zu viele Salze führen, man nimmt daher weniger als bei Gartenkalk.

PFLANZENKOHLE

Verbrennt man Holzreste, die bei der Holzindustrie anfallen, bei hohen Temperaturen und wenig Sauerstoff, entsteht Pflanzenkohle. Dieses auch Biokohle genannte Material besteht fast ausschließlich aus Kohlenstoff und absorbiert Wasser und Nährstoffe außergewöhnlich gut. Für die Verwendung im Garten wird Pflanzenkohle mit Nährstoffen «aufgeladen» – anderenfalls würde sie die Mineralien aus dem Boden ziehen und binden. Mischen Sie unbehandelte Pflanzenkohle mit Kompost, Wurmkompost, Komposttee oder dem Sickerwasser aus dem Komposter und lassen Sie die Mischung einen Monat ziehen. Alternativ geben Sie die Biokohle auf den Komposthaufen und bringen sie zusammen mit der fertigen Erde auf die Beete.

AUSTERNSCHALENMEHL

Austernschalen bestehen zu 95 Prozent aus Mineralien, darunter vor allem Kalziumcarbonat. Die gemahlenen Schalen unterstützen das Wurzelwachstum, heben in sauren Böden den pH-Wert an und erleichtern es den Pflanzen, Nährstoffe über die Wurzeln aufzunehmen. Blütenendfäule an Tomaten, Gurken, Zucchini und ähnlichem Gemüse ist ein Zeichen für Kalziummangel, der oft durch Bewässerungsfehler entsteht. Bevor Sie ein Beet anlegen, empfiehlt es sich, den Boden mit Austernschalenmehl vorzubereiten. Der hohe Kalziumgehalt wirkt der Krankheit entgegen.

WURMKOMPOST

Diese Form von Kompost besteht aus den Hinterlassenschaften von Würmen, also ihren Exkrementen. Wurmkompost ist nährstoffreich und enthält viele Mikroorganismen. Nährstoffe und Wasser sind in Wurmkompost leicht für die Pflanzen verfügbar. Die Würmer filtern Schwermetalle aus dem Boden, daher ist der Kompost ein ideales Düngemittel für Biogärten.

KAFFEEBOHNENSPELZEN

Bevor Kaffeebohnen geröstet werden, entfernt man die häutige Schale, auch Kaffeespelze genannt. In Kaffeeröstereien fällt dieses Nebenprodukt in gewaltigen Mengen an – daher sind sie dankbar, wenn sie etwas davon an eifrige Gärtner abgeben können. Die Spelzen sind nährstoffreich. Aufgrund ihrer öligen oder wachsartigen Beschaffenheit ist es jedoch besser, sie nicht direkt in den Boden einzuarbeiten, sondern kleine Mengen zu kompostieren.

HORNMEHL

Horndünger wird aus den Hörnern und Klauen von Rindern hergestellt, es handelt sich also um ein Nebenprodukt der Landwirtschaft. Horndünger enthält 12 bis 15 Prozent Stickstoff, der Gehalt an Schwefel, Phosphor und Kalium liegt bei unter einem Prozent. Es werden unterschiedliche Korngrößen angeboten: Hornspäne (über 5 mm), Horngrieß (1–5 mm) und Hornmehl (unter 1 mm). Der Stickstoff wird erst pflanzenverfügbar, wenn Mikroorganismen die Partikel zersetzt haben. Das dauert bei Hornspänen am längsten und geht bei Hornmehl schneller. Arbeiten Sie den Dünger flach in den Boden ein. Hornmehl setzt man am besten im Frühjahr bei Gemüse ein. Hornspäne nutzt man eher für Dauerkulturen, Gehölze oder Stauden. Die Späne bringen Sie im Herbst aus, sie geben ihren Stickstoff im Laufe eines Jahres nach und nach ab.

STALLMIST

Stallmist als organischer Dünger ist preiswert, aber der Nährstoffgehalt kann je nach Alter und Tierart stark variieren. Frischer Tierdung, der ohne Stroh oder ähnliches Streumaterial kompostiert wurde, ist besonders nährstoffreich. Während der Lagerung, besonders wenn der Mist Regen ausgesetzt ist, sinkt jedoch der Nährstoffgehalt. Stallmist sollte bei hohen Temperaturen kompostiert werden, um eventuell vorhandene Krankheitserreger abzutöten. Suchen Sie sich außerdem einen Biohof, sonst enthält der Mist womöglich Medikamente oder Pflanzenschutzmittel.

PILZSUBSTRAT AUS DER PILZZUCHT

Pilzfarmen nutzen die unterschiedlichsten Substrate, um Pilze zu züchten. Zu den Inhaltsstoffen zählen Stallmist, Stroh, Holzhäcksel, Torf oder Torfmoos, Blutmehl, Sojabohnenmehl, Pottasche, Kalk oder Kreide. Wird das Substrat gewechselt, kann es im Garten noch einmal gute Dienste als Bodenverbesserungsmittel leisten. Suchen Sie auch hier nach einer Biopilzfarm. Verteilen Sie nur wenig des gut kompostierten Materials auf den Beeten. Schäden durch Versalzung beugen Sie vor, indem Sie es von Herbst bis Frühjahr unabgedeckt lagern, bevor sie es ausbringen.

NPK-Werte von Stallmist

Quelle	N-P-K*	Vorteile	Nachteile
Hasen, Kaninchen	2-1,4-0,6	Reich an Stickstoff und Phosphor	
Hühner	3-2-2	Sehr viel Stickstoff, Unkrautsamen werden im Darm inaktiviert	Muss kompostiert werden, für die direkte Verwendung nicht geeignet
Pferde	0,5-0,2-0,6	Reich an organischem Material, oft mit Stroh durchsetzt	Kann unverdaute Unkrautvernichter enthalten (Clopyralid, Aminopyralid u. a.), mit Vorsicht verwenden
Pilze	0,7-0,3-0,3		Enthält oft auch im kompostierten Zustand noch tierische Produkte
Rinder, Ochsen	1,3-2-2 08-0,5-0,5	Leicht zu kompostieren	
Schafe, Lamas	0,4-0,3-0,8	Gut verdaut, reich an Kalium	Beschaffung arbeitsintensiv (Stallhaltung selten)

** Gehalt von N, P und K in Prozent. Die Zahlen variieren beträchtlich je nach Tierart, Futterzusammensetzung oder Kompostiermethode. Professionelle Anbieter können genaue Daten liefern.*

Phosphor in Gartenböden

Hersteller von Rosen- und anderen Blumendüngern werben oft damit, dass ihre Produkte für reiche Blütenpracht sorgen. Zuständig dafür ist der hohe Gehalt an Phosphor, der die Blütenbildung anregt. Wenn Topf- und Kübelpflanzen nicht mehr so üppig blühen, kann ein phosphatreicher Dünger sinnvoll sein. Die Erde im Garten allerdings enthält meist ausreichend Phosphor. Fügen Sie noch mehr dieses Nährstoffs hinzu, wird er vermutlich mit dem nächsten Regen ausgewaschen und schädigt dann die Umwelt. Darüber hinaus sind die Vorkommen begrenzt – und besonders in der Landwirtschaft werden große Mengen eingesetzt. Auf Feldern mag es sinnvoll sein, den durch die Ernte entzogenen Phosphor durch Düngen zu ersetzen. Im Garten ist dies nur notwendig, wenn ein Labortest einen Phosphatmangel ergeben hat. Eine Ausnahme stellen Topfpflanzen dar.

DER RICHTIGE ZEITPUNKT

Organische Dünger geben ihre Nährstoffe deutlich langsamer ab als Kunstdünger. Bringen Sie das Material daher im Herbst aus, wenn Sie im Frühjahr pflanzen wollen. Dies gilt nicht für kompostierten Stallmist, da hier die Nährstoffe bereits gelöst vorliegen und daher für die Pflanzen leicht verfügbar sind.

Rezepte für Dünger

Eine Vielzahl fertiger organischer Dünger ist im Handel. Wer seine eigene Mischung herstellt, weiß jedoch genau, was enthalten ist, und spart Geld.

NATÜRLICHES DÜNGERGRANULAT

Viele fertige organische Dünger werden in Pulver- oder Granulatform angeboten. Die NPK-Werte sind auf der Packung angegeben, die Zahlen verstehen sich als prozentualer Gehalt. Ein Dünger mit den Werten 7-1-2 enthält also sieben Prozent Stickstoff, ein Prozent Phosphor und zwei Prozent Kalium. Oft sind auch weitere Nährstoffe auf der Packung beschrieben. Feste Dünger sind einfach in der Anwendung und geben ihre Nährstoffe eher langsam an den Boden ab. Und sie lassen sich mischen: Aus den unterschiedlichen Einzelzutaten können Sie individuelle Mischungen herstellen, die genau auf die jeweiligen Pflanzen und ihre Bedürfnisse abgestimmt sind. Wichtig ist, dass Ihre Mischung verschiedene Quellen für die primären (NPK) und sekundären Nährstoffe sowie die Mikronährstoffe enthält.

Kranke Pflanzen düngen

Dünger können die Produktivität Ihres Gartens erhöhen, Gesundheitsprobleme lösen sie meist nicht. Pflanzenkrankheiten können die unterschiedlichsten Gründe haben. Krankheitserreger wie Pilze, Bakterien oder Viren, Schadinsekten, Standortfaktoren wie Sonneneinstrahlung, Luft- und Bodentemperatur, Staunässe, Trockenheit, Plastik und Giftstoffe im Boden kommen als Ursachen in Betracht. Wenn Sie regelmäßig organisches Material in den Boden einarbeiten, wird die Bodenfruchtbarkeit kaum der Grund sein. Noch mehr zu düngen, wird das Problem dann nicht lösen.

Stellen Sie Ihren eigenen organischen Dünger her, aber versuchen Sie auch, den Boden mit Kompost und Mulch gesund zu halten. Empfehlungen dazu finden Sie in den vorherigen Kapiteln.

Wenn dem Boden einzelne Nährstoffe fehlen, kann sich dies in Form bestimmter Krankheitszeichen an den Pflanzen bemerkbar machen. Wenn Sie merken, dass Ihre Schützlinge kränkeln, und einen Nährstoffmangel vermuten, versuchen Sie es mit folgenden Maßnahmen:

- Untersuchen Sie die Bodenstruktur und den pH-Wert.
- Versuchen Sie es mit einer ausgewogenen Düngemischung.
- Schicken Sie eine Bodenprobe an ein Labor (allerdings werden manche Nährstoffe meist nicht erfasst).
- Bitten Sie in einem Gärtnereibetrieb oder bei gärtnerisch versierten Freunden oder Nachbarn um Rat.
- Entfernen Sie die betroffene Pflanze und setzen Sie eine andere ein.

Wasserlöslichkeit

Es mag naheliegen, pulver- oder granulatförmigen Dünger im Gießwasser aufzulösen, aber so einfach ist es nicht. Viele Ausgangssubstanzen sind nicht wasserlöslich. Damit die Nährstoffe in den Boden gelangen und von den Pflanzen aufgenommen werden können, müssen erst Mikroorganismen ihr Werk tun und die Stoffe mithilfe ihrer Verdauung aufschließen. Tatsächlich werden die meisten Komponenten einer Düngermischung sich am Boden absetzen, wenn Sie versuchen, sie in Wasser aufzulösen. Aber es gibt einige wasserlösliche Komponenten, aus denen sich ein wunderbarer flüssiger Dünger herstellen lässt. Ein Rezept für einen Zimmerpflanzendünger, den man im Gießwasser auflöst, findet sich auf Seite 96.

KOMPONENTEN EINER DÜNGERMISCHUNG

Viele organische Materialien können als Düngemittel verwendet werden. Einige sind leicht zu beschaffen, andere eventuell schwieriger. Bei einigen handelt es sich um Nebenprodukte der Landwirtschaft oder der Fischzucht, andere fallen in Bergwerken an. Schauen Sie sich die aufgelisteten Zutaten an und überlegen Sie, welche Sie besorgen können und für Ihre Pflanzen nutzen möchten.

Die genannten Komponenten sind auch in vielen kommerziellen organischen Düngern enthalten. Als organisch wird ein Dünger bezeichnet, wenn er aus natürlichen Rohstoffen besteht. Die Rohstoffe stammen aber nicht unbedingt aus ökologischer Landwirtschaft. Gesteinsmehle werden als anorganisch bezeichnet, da sie aus der unbelebten Natur stammen. Daher ist die Bezeichnung «organischer Dünger» eigentlich irreführend. Entsprechend sind viele Produkte auch als Biodünger im Handel.

Rohstoff	N-P-K	Verfügbarkeit	Bemerkungen
Stickstoffquellen			
Baumwollsamenmehl	5-2-1	Langsam	Sauer
Blutmehl	14-0-0	Schnell	Vertreibt Wild
Fischmehl	9-4,5-0	Moderat	Geruch kann Insekten anziehen
Hornmehl	12-0-0	Moderat	
Hornspäne	12-0-0	Langsam	
Krabbenmehl	6-6-0	Langsam	Enthält Kalzium und Chitin*
Luzernenmehl	3-0-3	Langsam	Enthält Wachstums-hormon Triacontanol
Sojabohnenmehl	7-1-2	Langsam bis moderat	Häufig genetisch verändert
Phosphorquellen			
Fischknochenmehl	6-18-0	Schnell	
Knochenmehl	2-16-0	Langsam bis moderat	
Mineralisches Phosphat	0-13-1	Langsam	
Niembaumsamenmehl	6-2-1	Langsam	
Weicherdiges Rohphosphat	0-13-0	Langsam	
Kaliumquellen			
Algen	1-1-17	Schnell	
Glaukonitsand	0-0-3	Sehr langsam	
Holzasche	0-1-3	Schnell	Vorsicht, kann Schäden durch Versalzung ver-ursachen
Kaliumsulfat aus Bergbau/Pottasche	0-0-50	Sehr schnell	Gut wasserlöslich
Kelpmehl	1-0,5-3	Schnell	
Langbeinit	0-0-22	Moderat	Seltenes Mineral
Luzernenmehl	3-0-3	Langsam	

** Chitin macht Pflanzen widerstandsfähiger und hält Nematoden in Schach.*

ALLZWECKDÜNGER 7-7-7

Dieser Allzweckdünger kurbelt die Blütenbildung und das Pflanzenwachstum von Gemüse an. Im Frühjahr vor dem Pflanzen ausbringen.

- 3 Teile Blutmehl
- 3 Teile Knochenmehl
- 1 Teil Kaliumsulfat

REIN PFLANZLICHE MISCHUNG 3-1-2

Diese Mischung kommt ohne tierische Produkte und Gesteinsmehle aus.

- 3 Teile Kelpmehl
- 2 Teile Luzernenmehl
- 2 Teile Niembaumsamenmehl
- 1 Teil Baumwollsamenmehl

SCHNELLE ZWEI-KOMPONENTEN-MISCHUNG 2,8-3,2-2,4

Zwei Zutaten genügen für diesen Dünger:

- 4 Teile Luzernenmehl
- 1 Teil Knochenmehl

LAND-SEE-MISCHUNG 5-5-5

Den Hauptanteil der Nährstoffe liefert hierbei das Meer. Ein Gesteinsmehl sorgt für das bessere Nährstoffgleichgewicht.

- 2 Teile Fischmehl
- 1 Teil Fischknochenmehl
- 1 Teil Kelpmehl
- 1 Teil Langbeinit

TURBO FÜR EINJÄHRIGE 2,8-6,0-1,4

Mit diesem Dünger bilden sich mehr Blüten. Außerdem werden die Blüten größer und halten sich länger.

- 3 Teile Krabbenmehl
- 3 Teile Knochenmehl
- 2 Teile Luzernenmehl
- 2 Teile Glaukonitsand
- 1 Teil Kelpmehl

KRAFT IN TOPF UND KÜBEL 4-3-2

Pflanzen in Töpfen und Kübeln brauchen einen Dünger, dessen Nährstoffe schnell verfügbar sind.

- 4 Teile Kelpmehl
- 1 Teil Fischknochenmehl
- 1 Teil Blutmehl

WANN UND WIE OFT?

Hobbygärtner neigen dazu, Blumen und Gemüse zu stark zu düngen. Daher kann als übergeordnetes Ziel gelten, die Düngergaben insgesamt zu reduzieren. Besser ist es, organisches Material in den Boden einzuarbeiten.

Wie oft und wie viel Sie in Ihrem Garten düngen müssen, kann nur ein Labor exakt bestimmen. In den meisten Fällen ist es aber nicht notwendig, die Zahlen genau zu kennen. Halten Sie sich stattdessen an die Anweisungen auf der Packung Ihrer Zutaten. Meist sind Mengenbereiche angegeben, beginnen Sie dann mit der kleineren Menge. Dünger ist letztlich nur eine zusätzliche Nährstoffquelle, seien Sie daher nicht zu verschwenderisch. Besser ist es, regelmäßig niedrig dosiert zu düngen. Dann können Sie den Effekt beobachten und die Dosierung gegebenenfalls anpassen.

Eine Empfehlung lautet: 100–150 g Dünger (NPK 10-20-10) pro Quadratmeter Fläche. Ist der Boden eher sandig, reichen 100 g Dünger, überwiegt der Tonanteil, nehmen Sie 150 g. Darüber hinaus haben Hochbeete, Gartenpflanzen in Kübeln und Töpfen sowie Zimmerpflanzen spezielle Bedürfnisse.

Blumenbeete	100 g Dünger pro Quadratmeter, je nach Bodentyp und Ergebnis der Laboranalyse
Hochbeete, Gemüsebeete	50–60 g pro Quadratmeter
Kübel und Töpfe	1 Esslöffel auf 4 Liter Gießwasser

Heben Sie sich das Bittersalz fürs Baden auf

Im Internet mehren sich Berichte darüber, welche Wunder Bittersalz im Garten bewirken kann. Als Dünger wird es angepriesen und auch gegen Schädlinge und Krankheiten soll es helfen. Aber braucht Ihr Garten Bittersalz? Vermutlich nicht. Bittersalz besteht aus Magnesiumsulfat und beide Anteile, Magnesium und Schwefel, gehören zu den essenziellen Pflanzennährstoffen. Aber meist mangelt es dem Boden nicht an diesen Nährstoffen. Wenn Sie Ihre Schützlinge regelmäßig mit Kompost und Mulch versorgen, finden sie alles, was sie für gesundes Wachstum brauchen. Wenn Sie Bittersalz anwenden wollen, dann genießen Sie nach einem anstrengenden Tag ein Bad mit Bittersalz als Badezusatz.

Pflanzenauszüge und Blattsprays

Jauchen, kalte Auszüge, Pflanzentees oder Blattsprays – es gibt viele Wege, die in Pflanzen enthaltenen Inhaltsstoffe zu lösen, um sie dem Garten zurückzugeben. Sie wirken wie Flüssigdünger, manche helfen als Blattspray gegen Schädlinge. Pflanzenjauche muss eine Zeit lang stehen, bis das Material vergoren ist. Meist riecht das alles andere als angenehm. Schneller und einfacher sind kalte Auszüge hergestellt.

Grüner Pflanzenauszug

Einen Pflanzenauszug stellen Sie ähnlich wie eine Pflanzenjauche her, nur lassen Sie den Auszug nicht so lange gären. Für diesen grünen Auszug verwandeln Sie Rasenschnitt in wenigen Tagen in Flüssigdünger.

Material

2 Eimer à 20 Liter, davon einer mit Deckel

Bohrer

Rasenschnitt, grüne Pflanzenreste

Regen- oder Leitungswasser

So gehen Sie vor

1 Bohren Sie Löcher in den Boden eines Eimers, um ein Sieb herzustellen. Stellen Sie diesen Eimer in den anderen Eimer.

2 Sammeln Sie grünes, stickstoffreiches Schnittmaterial, zum Beispiel Rasenschnitt oder weiche Blätter. Die Pflanzen sollten möglichst ungedüngt sein und frei von Pflanzenschutzmitteln oder Unkrautvernichter. Verwenden Sie gesunde Pflanzen ohne Schädlingsbefall, denn Krankheitserreger werden bei dieser Form der Herstellung nicht abgetötet.

3 Zerkleinern Sie das Schnittmaterial, indem Sie einen Haufen bilden und mit der Heckenschere hineinschneiden oder mit dem Rasenmäher darüberfahren. Füllen Sie den inneren Eimer zu zwei Dritteln mit den Pflanzenresten. Bedecken Sie alles mit Regenwasser und rühren Sie gut um.

4 Schließen Sie den Deckel und lassen Sie den Auszug drei Tage ziehen. Mindestens zweimal täglich umrühren.

5 Sieben Sie das Schnittmaterial ab, indem Sie den oberen Eimer anheben und das Wasser durch die Löcher in den unteren Eimer fließen lassen.

6 Verdünnen Sie den Auszug eins zu zehn, bevor Sie damit gießen, das heißt ein Teil Auszug auf zehn Teile Wasser.

1

4

Kräftigendes Blattspray

Gießen Sie den Auszug durch einen Kissenbezug oder ein Baumwolltuch, um alle größeren Partikel herauszufiltern. Die Flüssigkeit wie im Rezept angegeben eins zu zehn verdünnen und in eine Sprühflasche füllen. Ein paar Tropfen Flüssigseife auf Pflanzenbasis zugeben, dann werden die Blätter besser benetzt. Das Spray morgens aufsprühen. Vor der ersten Anwendung an einer Pflanze oder einem Blatt die Verträglichkeit testen.

Unkrautfreier Kräuterauszug

Auch Unkräuter lassen sich zu einem Auszug verarbeiten. Damit die unerwünschten Gäste sich nicht weiterverbreiten, wird die Flüssigkeit vor der Anwendung gefiltert, um Samen und Wurzelstücke herauszufiltern.

Material

1 Eimer (20 Liter) mit Deckel

Kissenbezug

Bohrer

Regen- oder Leitungswasser

Unkräuter und Wildkräuter

Pflanze	Stickstoff (N)	Phosphor (P)	Kalium (K)	Kalzium (Ca)	Schwefel (S)	Magnesium (Mg)	Mikronährstoffe*
Ackerwinde *(Convolvulus arvensis)*		X	X	X			
Ampfer (*Rumex* spp.)		X	X	X			Fe
Baldrian *(Valeriana officinalis)*							Si
Beinwell *(Symphytum officinale)*	X	X	X	X		X	Fe, Si
Borretsch *(Borago officinalis)*			X				
Breit-Wegerich *(Plantago major)*					X		Fe, Mn
Brennnessel *(Urtica dioica)*	X		X	X		X	Fe, Cu
Eichenrinde *(Quercus robur)*			X				
Franzosenkraut *(Galinsoga parviflora)*	X		X	X		X	Fe
Gänsefuß *(Chenopodium album)*	X	X	X	X			Mn
Garten-Melde *(Atriplex hortensis)*		X	X	X		X	
Gemüse-Zwiebel *(Allium cepa)*					X		
Giersch *(Aegopodium podagraria)*	X		X	X		X	Fe
Guter Heinrich *(Blitum bonus-henricus)*	X						Fe
Kamille *(Matricaria chamomilla)*		X	X	X			
Klee (*Trifolium* sp.)	X	X					
Königskerze (*Verbascum* sp.)			X		X	X	Fe
Löwenzahn *(Taraxacum officinale)*		X	X	X		X	Fe, Cu, Si
Lupine (*Lupinus* sp.)	X	X					
Luzerne *(Medicago sativa)*	X						Fe
Schachtelhalm (*Equisetum* sp.)	X		X				Si
Schafgarbe *(Achillea millefolium)*	X	X	X			X	Cu
Vogelmiere *(Stellaria media)*		X	X				

**Mikronährstoffe: Mangan (Mn), Eisen (Fe), Kupfer (Cu), Kobalt (Co), Zink (Zn), Silizium (Si)*

2

So gehen Sie vor

1 Zerkleinern Sie die Kräuter mit der Heckenschere, dem Rasenmäher oder einem Laubsauger. Entfernen Sie grobes Material und Steine, bevor Sie elektrische Geräte verwenden, um Schäden durch umherfliegende Teile zu vermeiden.

2 Geben Sie die Kräuter in den Kissenbezug und legen Sie diesen in den Eimer. Füllen Sie mit Wasser auf, bis alles vollständig bedeckt ist.

3 Schließen Sie den Deckel und lassen Sie den Auszug drei Tage ziehen. Mindestens zweimal täglich umrühren.

4 Heben Sie den gefüllten Kissenbezug aus dem Wasser und drücken Sie ihn kräftig aus.

5 Verdünnen Sie den Auszug eins zu zehn, bevor Sie damit gießen, also ein Teil Auszug auf zehn Teile Wasser.

Garten-Smoothie mit Beinwell

Beinwell nutzt man häufig, um eine Pflanzenjauche herzustellen. Der Unterschied zum Smoothie ist, dass für eine Jauche die Pflanzenreste 10 bis 20 Tage vergoren werden. Ein Smoothie geht deutlich schneller und erfüllt letztlich denselben Zweck wie eine Jauche: Ein fester Ausgangsstoff wird klein gehäckselt und mit Wasser vermischt, um die Inhaltsstoffe zu lösen. Für einen Smoothie verarbeiten Sie Früchte und Gemüse zu einem leckeren Getränk – bei diesem Beinwell-Smoothie gehen Sie ähnlich vor. Aber anstatt ihn selbst zu trinken, gönnen Sie Ihren Pflanzen damit etwas Gutes. Beinwell ist eine alte Heilpflanze und entfaltet auch im Garten seine Wirkung. Dass Beinwell sich im Garten so rasch verbreitet, ist auch der Grund, warum er sich als Dünger eignet. Das Kraut wächst auf fast allen Böden, weil es mit seiner Pfahlwurzel tief in den Boden vordringt. Dort findet es Wasser und Nährstoffe. Geben Sie diese Nährstoffe dem Garten zurück, indem Sie die Blätter kleinhacken und im Wasser ziehen lassen.

Material
1 Teil Beinwellblätter
3 Teile Regen- oder Leitungswasser
Mixer
Gießkanne

So gehen Sie vor

Zerkleinern Sie die Blätter und geben Sie sie in den Mixer. Füllen Sie mit Wasser auf und pürieren Sie die Blätter, bis ein Smoothie entsteht. Zum Gießen geben Sie etwa einen Esslöffel auf vier Liter Gießwasser. Sofort verwenden, Reste im Kompost entsorgen.

Wunderpflanze oder Unkraut?

Mit meinem Vorschlag, Beinwell im Garten anzubauen, teilt sich meine Leserschaft vermutlich in zwei Lager: Während die einen das für eine blendende Idee halten, finden es die anderen undenkbar, ein so hartnäckiges Unkraut in den Garten einzuladen. Beinwell – wie Brennnesseln, Löwenzahn und viele andere Heilpflanzen – verbreitet sich derart schnell, dass viele Gärtner ihn verfluchen. Dabei sorgt genau diese Beharrlichkeit für den Nährstoffreichtum, den Beinwell bietet: Ihre dicke Pfahlwurzel schiebt die Pflanze so tief in den Boden, dass es fast unmöglich ist, sie auszureißen. In der Tiefe gelangt sie an Mineralien, die sie in den Blättern speichert. Gleichzeitig lockern die Wurzeln den Boden auf. In der Natur fallen die Blätter irgendwann ab und geben so die Mineralien an den Boden zurück.

Wenn Sie je versucht haben, die Wurzel auszugraben, dann wissen Sie, dass schon aus einem winzigen Wurzelstückchen, das im Boden geblieben ist, eine neue Pflanze wachsen kann. Noch dazu bilden die Pflanzen unzählige Samen. Trotzdem können Gärtner den hübschen Beinwell in Beete pflanzen, ohne dass er gleich den ganzen Garten bevölkert: In den 1950er-Jahren kam die sterile Sorte 'Bocking 14' auf den Markt. Wer vermeiden möchte, dass der Beinwell sich ausbreitet, wählt diese Alternative. Alle anderen säen die Heilpflanze, ernten sie großzügig ab und profitieren von ihren guten Seiten.

Dünger für Zimmerpflanzen

Für Zimmerpflanzen ist ein Flüssigdünger, den man ins Gießwasser gibt, zweifellos einfacher als ein Dünger in Pulverform. Auch Zimmerpflanzen reagieren auf die Wärme und das Licht des Sommers mit verstärktem Wachstum. Da sie im Topf wie in einem abgeschlossenen System wurzeln, sind sie in Bezug auf die Nährstoffe, die sie für ihr Wachstum brauchen, auf menschliche Fürsorge angewiesen.

Wenn Sie Pflanzen umtopfen, lohnt es sich, einen festen Langzeitdünger in die Erde zu mischen. Im Sommer versorgen Sie Ihre Schützlinge zusätzlich mit einem Flüssigdünger im Gießwasser. Viele selbst hergestellte Flüssigdünger enthalten Mikroorganismen, die bei ihrer Zersetzungsarbeit meist einen unangenehmen Geruch produzieren. Diese Mischung für Zimmerpflanzen macht eine angenehme Ausnahme.

Material

1 Esslöffel lösliches Algenpulver

1 Esslöffel Luzernenmehl

1 Esslöffel Blutmehl

1 Esslöffel weicherdiges Rohphosphat

4 Liter Regen- oder Leitungswasser

So gehen Sie vor

1 Messen Sie die Zutaten ab und geben Sie sie in eine Glasflasche oder ein Einmachglas mit Deckel. Gut umrühren, auch vor jedem Gebrauch.

2 Verdünnen Sie den Dünger im Verhältnis eins zu acht, zum Beispiel eine halbe Tasse (125 ml) Dünger auf vier Tassen (1 Liter) Wasser. Gießen Sie die Pflanzen von Frühjahr bis Sommer monatlich mit dem Dünger. Im Herbst und Winter pausieren. Brauchen Sie den Dünger möglichst bald auf. An einem kühlen, dunklen Ort hält er sich etwa drei Monate. Entsorgen Sie ihn, wenn er sich verfärbt, schimmelt oder unangenehm zu riechen beginnt.

Luzernenauszug für Keimlinge und Rosen

Luzerne *(Medicago sativa),* auch Alfalfa genannt, wird auch als Gründüngung angebaut, denn die Pflanze ist reich an Stickstoff. Darüber hinaus enthält sie Vitamine (A, D, B_1, B_6, E und K) und Mineralien (Kalzium, Eisen, Magnesium, Phosphor und Zink) sowie das Wachstumshormon Triacontanol. Von diesem Wachstumshormon profitieren besonders Keimlinge: Man düngt sie mit dem Auszug, nachdem sie die ersten beiden echten Laubblätter entwickeln haben. Das Loblied, das Gärtner gerne auf den Luzernenauszug singen, gilt auch für Rosen und Gartenstauden.

Material

½ Tasse (125 ml) Luzernenmehl

4 Liter Regen- oder Leitungswasser

So gehen Sie vor

Sie können die Menge variieren, je nachdem wie viel Sie in der nächsten Zeit brauchen werden. Kleinere Mengen für junge Pflänzchen stellen Sie am besten in einem Einmachglas her, das Sie direkt in die Sonne stellen. Wenn Sie Rosen und Stauden damit gießen möchten, nehmen Sie die angegebenen Mengen mal fünf und verwenden einen 20-Liter-Eimer.

1 Messen Sie das Mehl ab und geben Sie es in die entsprechende Menge Wasser. Gut umrühren, das Gefäß schließen und in die Sonne stellen. Am effektivsten wirkt der Dünger, wenn er mindestens 36 Stunden zieht. Dabei mindestens zweimal täglich umrühren. Der Auszug ist fertig, wenn sich das Mehl unten absetzt und das Wasser darüber orange gefärbt hat. Er sollte süß und frisch riechen, ähnlich wie Heu.

2 Nehmen Sie das Gefäß aus der Sonne, damit es sich abkühlt, und rühren Sie noch einmal um. Gießen Sie den Auszug dann direkt aus dem Gefäß über Ihre Pflanzen. Versuchen Sie, mit dem Wasser keine Erde fortzuschwemmen. Wenn Sie lieber mit der Gießkanne düngen möchten, filtern Sie den Auszug durch ein Tuch oder einen Kissenbezug.

Mason
STORAGE

KAPITEL 5

Tierische Gartenbewohner

Gärten und Insekten gehören zusammen wie Bienen und Honig: Wer Honig will, braucht Bienen. Wer einen üppigen ökologischen Garten will, braucht Insekten. In vielen Büchern finden sich Kapitel über «Nützlinge» und «Schädlinge», aber in der Natur ist selten etwas nur gut oder nur böse. Ameisen halten gerne Blattläuse auf Rosen, aber sie helfen auch, Pflanzenreste aufzuräumen und den Boden zu durchlüften. Die hübschen Kohlweißlinge bestäuben Ihre Gartenschönheiten, aber bevor sie das tun, fressen sie sich als Raupe durch Weißkohl, Blumenkohl und Kohlrabi.

Aber selbst, wenn es Ihnen gelänge, die Insekten zu identifizieren, die Sie im Garten gerne willkommen heißen würden, und von jenen zu unterscheiden, die sich lieber fernhalten sollten – gerade Letztere werden sich nicht unbedingt an Ihren Wunsch halten. Außerdem dienen manche ungebetenen Gäste den Nützlingen als Nahrung. Und was machen diese Nützlinge, wenn sie nichts zu fressen finden? Sie sterben oder wandern ab. Wenn Sie ein paar Schädlinge im Garten tolerieren, schaffen Sie damit ein ausgewogenes Ökosystem. Erst wenn sie überhandnehmen, brauchen Sie zu reagieren.

Wenn Sie die Grundsätze und Ideen aus den vorangegangenen Kapiteln in Ihrem Garten umgesetzt haben, dann sind Sie bereits auf dem richtigen Weg zu einem nachhaltigen, gesunden Garten. Robuste Pflanzen, die in gesunder Erde wurzeln, können ein paar Schädlinge tolerieren, ohne Schaden zu nehmen. Auf den Pflanzen und in der Mulchschicht finden Fressfeinde und Bestäuber ihre Lebensräume. Unterstützen Sie diese Helfer, indem Sie sie mit Futter, Wasser, Brutplätzen und Unterschlupf im Winter versorgen. Darüber hinaus gibt es ökologisch verträgliche Möglichkeiten, Schädlinge abzuwehren.

Getränkepfütze für Insekten

Schmetterlinge, Marienkäfer und sogar Zikaden lieben einen kleinen Schluck aus der Pfütze. Die Insektentränke muss weder groß noch kompliziert konstruiert zu sein – einfach ein kleiner schlammiger Platz, an dem die Insekten Wasser und Mineralstoffe tanken können. Stellen Sie das Gefäß so auf, dass sie es von der Terrasse oder vom Fenster aus sehen können. Dann können Sie die durstigen Gäste jeder Zeit beobachten.

Material

Tontopf mit Untersetzer

1 Teil Komposterde

3 Teile Sand

Deko wie kleine Steine oder Formen aus Glas

So gehen Sie vor

1 Mischen Sie den Sand mit der Komposterde und geben Sie die Mischung auf den Untersetzer.

2 Bilden Sie eine kleine Rinne, indem Sie etwas Sand beiseiteschieben. Legen Sie ein paar Steine in diese Rinne.

3 Dekorieren Sie die Rinne mit flachen Steinen, Kieseln oder bunten Glassteinen. Die Steine sollten etwas aus dem Sand ragen, denn sie dienen den Schmetterlingen und ihren Freunden als Landeplatz. Gestalten Sie die Rinne nach Ihrem Geschmack.

4 Wässern Sie die Sand-Kompost-Mischung, bis sie gut verschlämmt ist. Dann stellen Sie den Untersetzer auf den umgekehrten Blumentopf und setzen die Tränke in den Garten.

Je nach Wetter und Form des Gefäßes sollten Sie alle paar Tage oder mindestens wöchentlich Wasser nachgießen. Nach einem Monat leeren Sie das Gefäß und reinigen es mit einem biologisch abbaubaren Geschirrspülmittel. Mischen Sie Sand und Komposterde frisch an und versuchen Sie sich bei Bedarf an einem neuen Design.

1

2

3

Bienentränke

Ein bienenfreundlicher Garten bietet mehr als üppig blühende Blumen. Die Blüten locken die Bienen zwar an, aber wenn sie den Garten dann tatsächlich besuchen, ist es gut, wenn sie auch eine Wasserstelle vorfinden, um den Durst zu stillen. Eine Bienentankstelle ist schnell kreiert und leicht instand zu halten. Ihre sechsbeinigen Gartengäste werden sich für diesen Gefallen bedanken, indem sie Ihre Gartenblumen und Obstbäume bestäuben. Alles, was es dafür braucht, ist eine flache Schale oder Schüssel mit einigen Steinen darin, die aus dem Wasser ragen. Hier können die Bienen landen und sich festhalten, während sie das Wasser aufnehmen.

Material
flache Schale
Blumentopf
Flusskiesel
Wasser

So gehen Sie vor

1 Suchen Sie einen geschützten, schattigen Ort im Garten.

2 Stellen Sie den Blumentopf verkehrt herum auf den Boden, er dient als Basis. Die Schale setzen Sie oben auf den Blumentopf. Wählen Sie eine Schale aus Keramik oder Glas. Plastik und Metall sind weniger geeignet, da das Material ins Wasser auswaschen könnte.

3 Legen Sie ein paar Kieselsteine in die Schale und gießen Sie so viel Wasser hinein, dass die Steine gerade noch aus dem Wasser ragen.

4 Wechseln Sie täglich das Wasser und reinigen Sie das Bienenbad einmal pro Woche mit biologisch abbaubarer Seife.

Sauber und frisch

Es macht Spaß, Futterstellen und Badeplätze zu basteln, aber seien Sie sich der Verantwortung bewusst, die damit verbunden ist. Reinigen Sie Futterstellen und Badeplätze regelmäßig, damit die Tiere keinen Schaden nehmen. Die Vorrichtungen stehen zwar draußen, das heißt aber nicht, dass Sie sie einfach in den Garten stellen und danach vergessen können. Wenn sich schädliche Bakterien oder Pilze darin vermehren, werden die Besucher womöglich krank. Achten Sie darauf, dass die Tiere saubere Verhältnisse vorfinden.

Samenmischung für Vögel

Wer schon einmal Vögel an einem Futterplatz beobachtet hat, weiß, welche Mengen an Samen sie vertilgen können. Es zeigt sich auch schnell, dass manche Vögel ein bisschen wählerisch sind: Die Samen, die sie nicht mögen, landen meist vor und neben der Futterstelle. Die Unordnung wird umso größer, wenn die gekaufte Samenmischung besonders viele billige, aber weniger leckere Samen enthält. Stellen Sie Ihre eigene Mischung her. Das spart Geld und die Vögel hören auf, die unbeliebteren Sorten beiseitezuschieben.

Beliebte Mischung: eine für alle

Material
schwarze Sonnenblumensamen
Färberdistelsamen
geschälte Erdnüsse
Hirse
Ramtillkrautsamen

Die folgenden Samen locken viele verschiedene Arten an. Spatzen und andere Vögel, die auf dem Boden umherhüpfen, werden dafür sorgen, dass es um die Futterstelle (halbwegs) sauber bleibt. Mischen Sie alle Samen und schauen Sie, was passiert. Wenn Sie merken, dass eine Sorte übrig bleibt, lassen Sie sie beim nächsten Mal weg. Da im Winter teilweise andere Vögel zu Besuch kommen als im Sommer, kann es sich lohnen, die Mischung je nach Saison anzupassen. Anstelle von Ramtillkrautsamen bieten sich auch Hanfsamen an.

Saubere Sache (ohne Schalen)

Material
geschälte Sonnenblumenkerne
geschälte Erdnüsse
geschälte und gehackte Haselnüsse
geschälte Hirse

Geschälte Nüsse und Samen verursachen weit weniger Dreck, denn es bleiben keine Schalen auf dem Boden oder in der Futterstelle zurück. Diese Mischung wird verschiedene Vögel in Ihren Garten locken.

Studentenfutter (Samen und Früchte)

Material
schwarze Sonnenblumensamen
Färberdistelsamen
geschälte Erdnüsse
Hirse
Früchte, z. B. Apfelstücke, Weintrauben, Beeren

Viele Vögel sind für eine ausgewogene Nahrung mit Samen und Früchten dankbar. Die Früchte können frisch oder getrocknet sein. Bei Trockenobst achten Sie bitte darauf, dass weder Zucker noch Hilfsstoffe zugesetzt sind. Frisches Obst, etwa ein Apfelschnitz, einige Weintrauben oder Heidelbeeren, hält sich im Winter relativ lang und bietet eine willkommene Erweiterung des Speiseplans.

Klassen-Clown (Erdnüsse in der Schale)

Material
ungeschälte Erdnüsse

Vor allem größere Vögel wie Eichelhäher, Amseln oder gar Krähen interessieren sich für ungeschälte Erdnüsse. Hängen Sie ein Futterhäuschen mit entsprechend großen Löchern an einer Schnur oder einem Draht in einen Baum und beobachten Sie die hungrigen Besucher. Auch andere Tiere wie Eichhörnchen werden akrobatische Tricks anwenden, um an die Erdnüsse zu gelangen. Sobald sie das Interesse verloren haben, kommen kleinere Vögel wie Meisen und picken an der Schale, bis sie sich öffnet.

Fettreiches für den Winter

Wenn es im Winter kalt wird, stellen daheim gebliebene Insektenfresser wie Meisen, Amseln oder Rotkehlchen auf Körnerfutter um. Bringen Sie die Vögel mit energiereichem Fett und Proteinen gut durch den Winter, dann stehen sie im Frühjahr zur Schädlingsbekämpfung parat.

Zutaten

½ Tasse (125 ml) Talg oder anderes Fett (z. B. Kokosfett)

¼ Tasse (60 ml) Erdnussbutter

1 Tasse (250 ml) Vogelfuttermischung

¼ Tasse (60 ml) Haferflocken

Material

Emailletasse

Zweig (ca. 15 cm)

Klebeband

Metallring vom Schlüsselbund

So gehen Sie vor

1 Kleben Sie den Zweig mit dem Klebeband an der dem Henkel gegenüberliegenden Seite innen in die Tasse.

2 Lösen Sie den Talg beziehungsweise das Fett im Wasserbad auf und rühren Sie Erdnussbutter, Samenmischung und Haferflocken ein.

3 Die Mischung in die Tasse gießen und im Kühlschrank aushärten lassen.

4 Ziehen Sie den Metallring durch den Henkel und hängen Sie die Tasse an einen kräftigen Zweig.

1

Weiches Futter für Rotkehlchen & Co.

Material

½ Tasse (125 ml) Talg

¼ Tasse (60 ml) Weizenkleie

¼ Tasse (60 ml) getrocknete Beeren

¼ Tasse (60 ml) Haferflocken

Obstschnitze

Im Gegensatz zu den Körnerfressern wie Meisen, Finken und Sperlingen fliegen Weichfutterfresser besonders auf Rosinen, Obst, Haferflocken und Kleie. Rotkehlchen, Heckenbraunelle, Amsel, Wacholderdrossel oder Zaunkönig lassen sich mit diesem Futter anlocken. Da das Futter noch Feuchtigkeit enthält, verdirbt es schneller. Kontrollieren Sie die Futterstelle daher etwas häufiger. Es gibt spezielle Bodenfutterspender, die sich für Weichfutterfresser besonders eignen. Diese Vogelarten fressen zwar auch in Talg gemischtes Futter, nehmen es aber besser an, wenn es am Boden zerbröselt ist.

So gehen Sie vor

1 Schmelzen Sie den Talg im Wasserbad. Statt Talg eignet sich auch Kokosfett.

2 Geben Sie die übrigen Zutaten in das Fett und mischen Sie gut durch.

3 Lassen Sie das Fett in einer Schale erkalten. Zerbröseln Sie etwas Futter und geben Sie es in den Futterspender zusammen mit einigen Obstschnitzen.

Auch im Sommer füttern?

Früher galt die Devise, dass Vögel nur im Winter gefüttert werden sollten, damit sie im Sommer nicht ihre Gewohnheiten ändern und sich bequem ans Futterhäuschen begeben, statt auf die Jagd zu gehen oder Beeren zu sammeln. Inzwischen ist die Zahl der Insekten aber besonders in Siedlungsgebieten so stark zurückgegangen, dass Vögel für sich und ihren Nachwuchs häufig nicht genug zu fressen finden. Wo Kiesgärten und Thujahecken das Bild bestimmen, werden auch Beeren für die Weichfutterfresser knapp. Sinnvoller als Vogelfutter wäre natürlich, Gärten und kommunale Grünflächen vogelfreundlich zu gestalten – mit einem natürlichen Angebot an Nahrung und Nistplätzen.

Ein Winkel für Blattläuse

Bestimmt haben Sie bereits bemerkt, dass manche Pflanzen Blattläuse magisch anziehen. Rose, Schneeball, Holunder gehören dazu, aber auch Bohnen, Salat und Tomaten oder Erdbeeren, Himbeeren und Obstbäume sind klassische Anziehungspunkte. Unterm Strich sind Blattläuse wenig wählerisch: Sie wollen süßen Saft saugen und sich vermehren.

Damit die winzigen Insekten nicht den gesamten Garten überfallen, gönnen Sie Ihnen ein Eckchen, in dem sie ihre Lieblingsspeise vorfinden. Falls Sie sich gerade an die Stirn tippen, hier ein paar gewichtige Argumente: Damit die natürlichen Fressfeinde eines Schädlings sich einfinden, muss eine gewisse Schädlingspopulation vorhanden sein, gewissermaßen als Anreiz. Indem Sie Blattläuse an einigen Pflanzen tolerieren, laden Sie Schwebfliegen, Wespen und Marienkäfer zum Festmahl ein. Die hungrigen Helfer halten dann auch die übrigen Pflanzen blattlausfrei.

Wenn der Anblick einer dieser Blattlauskolonien Sie doch einmal erschreckt, dann rufen Sie sich ins Gedächtnis: Sie halten sich keine Aufzuchtstation für Blattläuse, sondern ein Schutzgebiet für Marienkäfer. Ein Garten, in dem viele Lebewesen einen Platz finden, ist viel wertvoller als makellose Pflanzen.

So gehen Sie vor

Pflanzen Sie einige ausdauernde Pflanzen, die besonders anfällig für Blattläuse sind, in einen Winkel Ihres Gartens. Arten wie Schneeball, Holunder oder Kapuzinerkresse überstehen einen Blattlausangriff oft schadlos, wenn sie ansonsten gesund sind. Pflanzen Sie diese Arten früh, bevor Ihre Gartenschönheiten ihr Maximum erreichen. Das gibt den Fressfeinden genug Zeit, sich einzufinden, bevor die Blattläuse den Rest des Gartens für sich entdecken. Kontrollieren Sie immer wieder den Befall an Ihren Opferpflanzen. Blattläuse vermehren sich manchmal rasant. Wenn mehr als 20 Prozent einer Pflanze befallen sind, entfernen Sie die Tiere mit den Fingern oder mit einem weichen feuchten Tuch.

Ameisen

Ameisen lieben den Honigtau, den Blattläuse ausscheiden. Für die Pflanze sind Ameisen kein Problem, aber sie verteidigen die Blattläuse vor Fressfeinden. Wenn Nützlinge wie Marienkäfer daraufhin ausbleiben, sollten Sie die Pflanze eine oder zwei Wochen lang täglich mit Wasser abspritzen. Die Ameisen werden sich ein Futter suchen, das mit weniger Ärger verbunden ist.

Allzweckwaffe Gartenschlauch

Um kleine Insektenarmeen zu bekämpfen, brauchen Sie keine großen Geschütze auf-zufahren. Oft genügt eine Ladung aus dem Gartenschlauch, um Schädlinge in Schach zu halten. Blattläusen, Spinnmilben, Zikaden und Fransenflüglern, die den Pflanzensaft saugen, versetzt ein Sprühstrahl einen Stoß. Außerdem mögen viele Schädlinge wie Spinnmilben die feuchte Umgebung nicht. Wenn Sie Ihre Pflanzen regelmäßig absprühen, verziehen sich Milben und Insekten von selbst. Blattläuse trifft es besonders hart: Viele entwickeln keine Flügel und können nicht einfach wieder eine Etage höher fliegen, wenn der Sprühstrahl sie erwischt hat. Kontrollieren Sie vor allem die Blattunterseiten. Hier wiegen sich Blattläuse oft in Sicherheit. Gekrümmte Blätter sind ein Hinweis auf ein solches Versteck.

Adoptieren Sie einen Fressfeind

Eine weitere Möglichkeit, Nützlinge in den Garten einzuladen, ist, sie zu adoptieren. Für etwas Futter und eine Unterkunft legen Hunde, aber auch Hühner und Enten ein erstaunliches Engagement im Garten an den Tag. Wenn Hühner und Enten durch den Garten watscheln, finden sie Schnecken, Zikaden, Käfer und andere Tiere nach ihrem Geschmack. Auch Hunde eigenen sich zur Schädlingsbekämpfung. Während sie drinnen nach Fliegen und Mücken schnappen, pflegen sie draußen eine Gewohnheit, die weitaus effektiver ist: Sie markieren ihr Revier. Und der Geruch des Urins hält manch einen Schädling fern. Je nach Rasse und Charakter ist der Jagdinstinkt unterschiedlich ausgeprägt. Aber allein die Gegenwart eines Hundes wird Mäuse, Ratten oder Marder davon überzeugen, lieber woanders nach Futter und Unterschlupf zu suchen.

Aber auch viele Tiere, die ohne regelmäßige Zuwendung in Form von Futter oder Streicheleinheiten auskommen, lassen sich für die Schädlingsbekämpfung einspannen. Igel haben eine Schwäche für Insekten. Was sie im Garten brauchen, ist eine Ecke mit etwas Laub und Zweigen, in der sie überwintern können. In trockenem Material verstecken sich auch Ohrwürmer. Sie reihen sich in die Schlange der Fressfeinde von Blattläusen ein. Bekannt ist der Appetit von Spinnen auf Insekten. Lassen Sie ihnen ihre Netze, dann haben Sie beide etwas davon.

Mit Sand gegen Trauermücken

Trauermücken sehen aus wie kleine Fruchtfliegen und befallen vor allem Zimmerpflanzen. Die Tiere gelangen in die Erde, wenn die Pflanzen draußen stehen – meist werden sie aber von der Gärtnerei gleich frei Haus mitgeliefert. Auch minderwertige Blumenerde kann mit den Eiern verseucht sein. Die Larven fressen feine Wurzeln und Pilze in der Erde, daher bemerkt man den Befall zunächst nicht. Erst wenn die erwachsenen Tiere geschlüpft sind, fliegen plötzlich beim Gießen die winzigen Trauermücken auf. Es ist nicht schwer, gegen die Schädlinge vorzugehen: Entfernen Sie befallenes Substrat, ändern Sie Ihre Gießgewohnheiten und vermiesen Sie den Trauermücken den Tag mit Sand, dann ist das Problem schnell behoben.

Material

grober Sand und/oder feiner Kies

Aquariumsteine als Deko

So gehen Sie vor

1 Lassen Sie die Erde im Topf vollständig abtrocknen. Kratzen Sie die oberen 2–3 cm ab und werfen Sie die Erde fort.

2 Ersetzen Sie das entnommene Substrat durch eine Lage aus grobem Sand, feinem Kies oder Aquariumsteinchen oder eine Mischung aus allen drei Materialien.

3 Wässern Sie nicht von oben, sondern gießen Sie das Wasser in den Untersetzer. Die Pflanze wird das Wasser von unten aufsaugen. Steht nach 30 Minuten noch Wasser im Untersetzer, schütten Sie es fort.

Blumenerde luftdicht aufbewahren

Wenn Sie Ihre Blumenerde offen in einem Eimer oder einer Tüte aufbewahren, gelangen Trauermücken leicht hinein und legen ihre Eier in der Erde ab. Besser ist ein Behälter mit Deckel, er versperrt den erwachsenen Tieren den Weg und ohne Luft können sich die Larven nicht entwickeln.

Natürliches Pflanzenschutzmittel

Frische Kräuter, Wasser und etwas flüssige Seife reichen aus, um Schädlingen den Weg zu weisen. Die Kräuter liefern die wirksamen Inhaltsstoffe, die Seife stellt sicher, dass die Blätter vollständig benetzt werden. Es gibt biologische Insektizide zu kaufen, viele enthalten Azadirachtin, ein Wirkstoff aus dem Niembaum, andere Pyrethrum aus Chrysanthemen. In der hier vorgestellten Variante sorgen Knoblauch und roter Pfeffer dafür, dass die Tiere das Weite suchen.

Material

6 Knoblauchzehen, ungeschält

1–2 scharfe Chilischoten

½ Tasse (125 ml) gehackte Insekten vertreibende Kräuter (optional)

¼ Teelöffel (1 ml) flüssige Seife

Mixer

Einmachglas mit Deckel

Tuch oder kleiner Kissenbezug

Gummihandschuhe

So gehen Sie vor

1 Geben Sie die Knoblauchzehen und die Chilischoten mitsamt den Samen in den Mixer. Fügen Sie nach Wunsch getrocknete oder frische Kräuter (siehe Tabelle) dazu. Verholzte Teile und die Stängel vorher entfernen.

2 Füllen Sie den Mixer zur Hälfte mit Wasser und mixen Sie kräftig durch. Geben Sie so viel Wasser zu, dass der Mixer zu zwei Dritteln gefüllt ist, und mixen Sie noch einmal durch.

3 Gießen Sie die Mischung durch das Tuch oder den Kissenbezug und drücken Sie das restliche Wasser heraus. Tragen Sie dabei Handschuhe, um Hautirritationen zu vermeiden.

4 Mischen Sie wenig Flüssigseife unter. Verwenden Sie möglichst parfümfreie Seife auf Pflanzenbasis.

5 Gießen Sie die Flüssigkeit in eine Sprühflasche. Vor Gebrauch schütteln.

Achtung! Probieren Sie selbst hergestellte Mischungen immer erst an einigen Blättern aus, um sicherzugehen, dass die Pflanze sie verträgt.

KRÄUTER ZUR SCHÄDLINGSABWEHR

Viele Kräuter enthalten Substanzen, die Schädlinge fernhalten. Wählen Sie von den Pflanzen in der Tabelle einige aus und zerkleinern Sie sie zusammen mit dem Knoblauch und dem Pfeffer. Aber bedenken Sie: Auch bei einem biologischen Schädlingsbekämpfungsmittel besteht die Gefahr, dass Sie zusammen mit den Schädlingen auch die Nützlinge vertreiben. Nutzen Sie das Spray nur, wenn die Schädlinge überhandnehmen.

Deutscher Name	Botanischer Name	Abgewehrte Tiere
Basilikum	*Ocimum basilicum*	Mottenschildläuse (Weiße Fliegen), Möhrenfliegen, Spargelhähnchen
Borretsch	*Borago officinalis*	Spargelhähnchen
Dill	*Anethum graveolens*	Blattläuse, Spinnmilben, Höckereulen
Katzenminze	*Nepeta cataria*	Ameisen, Blattläuse, Flohkäfer, Japankäfer, Rüsselkäfer, Kartoffelkäfer, Höckereulen, Kakerlaken Achtung: Zieht Katzen an!
Koriander	*Coriandrum sativum*	Blattläuse, Spinnmilben, Kartoffelkäfer
Lavendel	*Lavandula* spp.	Motten, Flöhe, Fliegen, Mücken
Minze	*Mentha* spp.	Ameisen, Blattläuse, Flohkäfer, Höckereulen, Mottenschildläuse (Weiße Fliegen)
Polei-Minze	*Mentha pulegium*	Ameisen, Flöhe, Fliegen, Mücken, Mäuse
Rainfarn	*Tanacetum vulgare*	Ameisen, Blattläuse, Kohlweißling, Mottenschildläuse (Weiße Fliegen), Fliegen, Raupen, Schnecken
Rosmarin	*Rosmarinus officinalis*	Höckereulen, Möhrenfliegen, Kakerlaken, Mücken, Schnecken
Schnittlauch	*Allium schoenoprasum*	Möhrenfliegen, Japankäfer, Blattläuse
Tomate (Blätter)	*Lycopersicon esculentum*	Viele Insekten
Weinraute	*Ruta graveolens*	Flohkäfer (Erdflöhe)
Wermut	*Artemisia absinthium*	Ameisen, Fliegen, Motten, Flöhe, Kohlweißlinge, Mottenschildläuse (Weiße Fliegen), Möhrenfliegen, Schnecken, Ohrwürmer, Mäuse

Citronella-Kerze gegen Mücken

Wenn am Abend die Mücken ausschwärmen, wird es Zeit, ein paar Kerzen mit Citronella-Öl hervorzuholen. Auf Balkon oder Terrasse schaffen sie eine schöne Atmosphäre und verströmen einen angenehmen Duft. Der Geruch legt sich über den Körpergeruch, sodass die sirrenden Plagegeister ihre Opfer (uns) nicht so leicht finden. Das Öl wird aus Zitronengras gewonnen. Wenn Sie nicht gerade an einem mit Mücken bevölkerten Gewässer leben, sind die Kerzen eine gute Alternative zum Insektenspray.

Material

- Tontopf (15 cm im Durchmesser) oder anderes Gefäß
- 500 g Kerzenwachs
- 25 ml reines Citronella-Öl
- 3 Dochte (15 cm) gewachst, mit Metallfuß
- Kleber
- Essstäbchen

In einem größeren Tontopf haben drei Dochte Platz. So entsteht mehr Rauch und gleichzeitig wird mehr Wachs verflüssigt, das seinen Citronella-Duft verströmt. Diese Kombination veranlasst die Mücken in der Regel, sich anderswo nach einer Blutmahlzeit umzusehen.

1

2

3

5

6

7

So gehen Sie vor

1 Wählen Sie einen Tontopf ohne Loch. Für drei Dochte hat er idealerweise einen Durchmesser von 15 cm. Wenn Sie keinen Tontopf ohne Loch finden: Auch Schraubdeckelgläser, Einmachgläser oder ausrangierte Porzellantassen eignen sich. Je nach Größe reduzieren Sie dann die Zahl der Dochte.

2 Verteilen Sie die drei Dochte mithilfe des Lineals so, dass sie gleichmäßig verteilt sind und genug Abstand zum Rand bleibt. Kleben Sie die Dochte auf dem Topfboden fest, das macht es vor allem bei bauchigen Gefäßen einfacher, das Wachs einzufüllen.

3 Schmelzen Sie das Wachs im Wasserbad oder Backofen bei 60–70 °C.

4 Geben Sie das Citronella-Öl hinzu und rühren Sie gut um.

5 Etwas abkühlen lassen und in das vorbereitete Gefäß gießen. Lassen Sie etwa 1 cm zum oberen Rand frei.

6 Legen Sie die Essstäbchen so auf den Rand, dass sie die Dochte stützen.

7 Lassen Sie das Wachs bei Zimmertemperatur hart werden. Kontrollieren Sie anfangs, ob die Dochte stehen geblieben sind. Wenn das Wachs hart ist, kürzen Sie die Dochte auch etwa 1 cm ein.

Achtung! Der Boden des Gefäßes kann heiß werden, wenn die Kerzen brennen. Setzen Sie es auf eine unempfindliche und feuerfeste Oberfläche oder verwenden Sie einen entsprechenden Untersetzer.

Erklären Sie Ihren Garten zur mückenfreien Zone

Mücken können echte Quälgeister sein, aber sie fliegen selten weite Strecken. Daher reicht es meist, den Garten so zu gestalten, dass sie sich nicht allzu wohlfühlen. Decken Sie Regentonnen ab und vermeiden Sie auch kleinere Wasserstellen, die zur Brutstätte werden können. Im Gartenteich machen sich Fische über die Larven her. Auch andere Teichbewohner wie Libellen und Schwimmkäfer sind willige Verbündete.

Mit Flaschen gegen Fliegen, Wespen und Wanzen

Zugegeben, diese Falle wird keinen Designerpreis gewinnen, aber sie ist leicht herzustellen und erfüllt ihren Zweck. Das Prinzip ist einfach: Die lästigen Insekten finden zwar hinein, aber nicht wieder heraus. Je nachdem, was Sie als Futter anbieten, locken Sie unterschiedliche Arten an.

So gehen Sie vor

1 Schneiden Sie eine Plastikflasche mit der Schere oder einem Teppichmesser auf. Das obere Teil entspricht etwa einem Drittel, das untere zwei Dritteln der Länge.

2 Stecken Sie das obere Teil umgekehrt in das untere.

3 Wählen Sie aus den unten angegebenen Rezepten je nach Wunsch und Jahreszeit eine Insektenmahlzeit aus und füllen Sie sie etwa 2–3 cm hoch in die Flasche. Geben Sie so viel Flüssigkeit hinzu, dass noch etwas festes Futter herausragt, die Insekten aber dennoch ertrinken werden.

Rezepte für Insektenköder

Fliegen

Fliegen mögen Aas und anderes verrottendes Material. Geben Sie rohes Fleisch oder Fisch und Wasser in die Falle und setzen Sie sie an eine sonnige Stelle, an der viele Fliegen umherschwirren. Fliegen werden von dem Geruch magisch angezogen.

Wespen

Früh im Jahr suchen Wespen proteinreiche Nahrung, während sie gegen Ende ihres Lebens Süßes bevorzugen. Zu Beginn der Wespensaison geben Sie rohes Fleisch oder Fisch und Wasser in die Falle. Später führen Sie sie mit Marmelade oder zerdrücktem Obst und etwas Wasser in Versuchung.

Baumwanzen

Legen Sie ein kleines batteriebetriebenes LED-Licht in die Falle und stellen Sie sie an einen dunklen Ort. Wenn die Lampe wasserdicht ist, können Sie etwas Wasser in die Falle gießen, damit die Tiere ertrinken. Wenn nicht, kümmern Sie sich am nächsten Morgen um die noch lebenden ungebetenen Gäste.

Schneckenköder

Schnecken gehören zu den Vielfraßen im Garten. Ob Salat, Kohl oder Funkien, weiche Blätter vertilgen sie im Dutzend. Auch Erdbeeren, Gurken und Zucchini stehen auf ihrem Speiseplan. Besonders des Nachts, wenn alle Gärtner schlafen, kriechen sie hervor und arbeiten sich durchs Salatbeet. Aber etwas mögen Schnecken noch lieber als Pflanzen: Bier. Um genau zu sein, lieben sie die Hefe. Aber anstatt eine Flasche zu öffnen und den Schnecken einzuschenken, können Sie auch aus Hefe und Wasser einen Köder mixen und eine selbst gebaute Schneckenfalle damit bestücken.

Material
500 ml warmes Wasser
1 Paket Trockenhefe
1 Teelöffel Zucker

So gehen Sie vor

Verrühren Sie Wasser, Hefe und Zucker und geben Sie die Mischung in die Schneckenfalle (siehe Seite 121).

Schneckenfalle

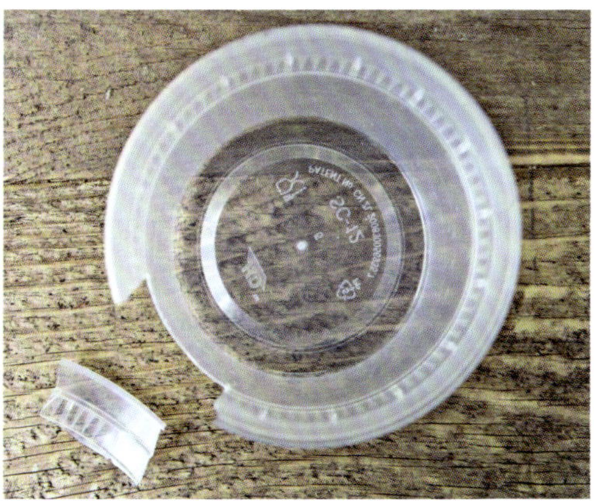

So gehen Sie vor

Suchen Sie sich ein Gefäß mit Deckel – Joghurtbecher, Kaffeebecher, Plastikschälchen, was immer Sie zur Hand haben. Schneiden Sie ein paar größere Löcher auf dem oberen Drittel in die Seiten des Gefäßes. Vergraben Sie es so tief, dass die Löcher knapp über der Erde liegen. Füllen Sie die Wasser-Hefe-Mischung hinein und schließen Sie den Deckel.

Kontrollieren Sie die Schneckenfalle täglich und entfernen Sie die gefangenen Tiere. Vermutlich fangen Sie anfangs eher größere Exemplare, bis irgendwann nur noch kleine übrig bleiben. Wenn Sie keine Schnecken mehr erbeuten, packen Sie die Falle weg, bis sich wieder mehr Schnecken eingefunden haben.

Material
Plastikgefäß mit Deckel
Teppichmesser
Schneckenköder

Fruchtfliegenfalle

Fruchtfliegen lieben warme Temperaturen und reifes Obst. Deswegen werden sie meist erst im Lauf des Sommers zur Plage. Stellen Sie diese Falle in der Küche oder neben dem Komposter auf, dann haben die winzigen Fliegen keine Chance.

Material
- kleines Glasschälchen
- Wein oder Saft
- reifes Obst
- Geschirrspülmittel auf Pflanzenbasis
- Frischhaltefolie
- Zahnstocher oder Holzspieß

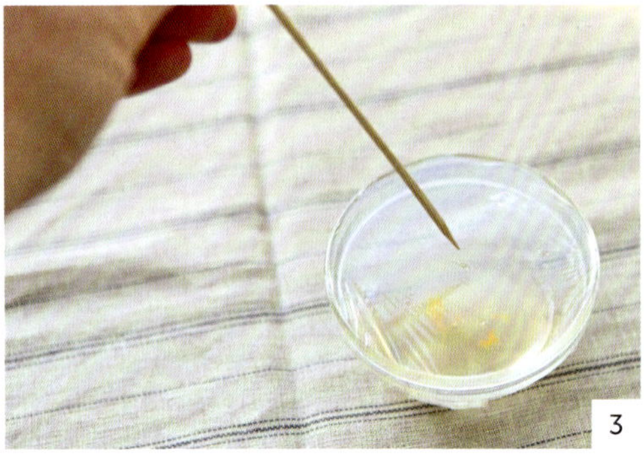

3

4

So gehen Sie vor

1 Geben Sie etwas Wein oder Saft und ein Stück reifes Obst in ein Glasschälchen. Das Obst lockt die Fruchtfliegen an, weil sie darin gerne ihre Eier ablegen.

2 Rühren Sie ein paar Tropfen Geschirrspülmittel in die Flüssigkeit.

3 Verschließen Sie das Schälchen fest mit Frischhaltefolie und durchlöchern Sie die Folie mit dem Zahnstocher. Die Löcher sollten groß genug sein, damit die Fruchtfliegen hineinkriechen können.

4 Bewahren Sie alle anderen Leckereien, also frische Früchte, in sicherer Entfernung auf und stellen Sie die Falle an den gewünschten Ort. Das Schälchen gelegentlich säubern und bei Bedarf erneut aufstellen.

Literatur und Adressen

Bachmann, Ch. & al. *Permakultur. Grundlagen und Praxisbeispiele für nachhaltiges Gärtnern.* Haupt, Bern, 2017

Bloom, J. & Boehnlein, D. *Praxisbuch Permakultur. Das umfassende Handbuch für nachhaltiges Gärtnern.* Haupt, Bern, 2019

Bross-Burkhardt, B. *Das Boden-Buch. Grundlagen und Tipps für den naturnahen Gartenboden.* Haupt, Bern, 2017

Bross-Burkhardt, B. *Das große Ulmer Biogartenbuch.* Ulmer, Stuttgart, 2017

Bross-Burkhardt, B. *Lob des Unkrauts. Wilde Pflanzen in Garten und Stadt – nützlich und schön.* Haupt, Bern, 2015

Griebl, N. *Naturnah gärtnern. Die 140 wertvollsten Pflanzen für den Naturgarten.* Haupt, Bern, 2015

Hecker, F. & K. *Heilsame Wildpflanzen – im Rhythmus der 10 Jahreszeiten sammeln und anwenden.* Haupt, Bern, 2019

Kiss, F. & Steinert, A. *Handbuch Pflanzenschutz im Biogarten: Wirkungsvoll vorbeugen, erkennen und behandeln. 100 % biologische Methoden.* Löwenzahn, Innsbruck, 2018

Kremer, B. P. & Richarz, K. *Tiere in meinem Garten. Wertvolle Lebensräume für Vögel, Insekten und andere Wildtiere gestalten.* Haupt, Bern, 2020

Kremer, B. P. *Mein Garten – ein Bienenparadies. Die 200 besten Bienenpflanzen.* 2. Auflage. Haupt, Bern, 2018

Kremer, B. P. *Schmetterlinge in meinem Garten. Falterfreundlich gärtnern mit den richtigen Pflanzen.* Haupt, Bern, 2018

Kreuter, M.-L. *Biogarten für Einsteiger.* 3. Auflage. BLV, München, 2017

Mayer, J. & Treml, F.-X. *Biodünger: Pflanzen natürlich pflegen und stärken.* Kosmos, Stuttgart, 2017

Oftring, B. *Double-use-Gärtnern. 100 Gartenpflanzen mit Mehrfachnutzen.* Haupt, Bern, 2017

Sulzberger, R. *Kompost, Erde & Düngung.* 3. Auflage. BLV, München, 2016

www.ahabc.de – Das Magazin für Boden und Garten (Internetmagazin)

www.gartenversandhaus.de – Samen, Blumenzwiebeln & -knollen, Pflanzen und Gartenzubehör

www.hof-berggarten.de – Wildpflanzen und Wildkräuter

www.bloomling.at/.ch/.de – Samen, Blumenerde und Mulch, Töpfe und Gartenzubehör

www.schneckenprofi.de – Nützlinge, Erden, Kompost, Bodenverbesserer, Samen, Pflanzen und Gartenzubehör

www.staudengaerten.de – Samen, Pflanzen, Paper Potter und anderes Gartenzubehör

Dank

Ich bin immer dankbar für die Möglichkeit, von Menschen lernen zu können, die die Natur und Gärten wertschätzen: Vancouver Master Gardeners; Stacy Friedman, UBC Farm und Intergenerational Landed Learning Program; Kym Chi von PermacultureDesign.ca; Lori Snyder, Erzieherin und Kräuterkundige bei LoriSnyder.co; Meg und ihre landwirtschaftlich arbeitenden Kollegen im Yarrow EcoVillage; A Rocha Farm; Pau Farré, Mike und City Farmer; die Mitglieder von Strathcona Community Garden; Bloedel Conservatory; VanDusen Gardens; GardenWorks; Sharing Farm Society. Ihnen allen danke ich dafür, dass sie ihre Weisheit mit mir teilen.

Dieses Buch wäre niemals zustande gekommen ohne das wunderbare Team von Cool Springs Press, das mit mir zusammen die Idee zu Papier brachte. Meine Lektorin, Jessica Walliser, steckt voller brillanter Ratschläge und Hilfen – und sie liebt Wurmkot genauso sehr wie ich. Mark, Steve, Heather, John, das talentierte Kreativteam, und alle anderen, mit denen ich das Vergnügen hatte zu arbeiten, brachten viele Erfahrungen und Visionen ein.

Wenn man ein Buch schreibt, verbringt man viel Zeit allein, aber einsam war ich nie: Meine Autorenfreunde und -freundinnen wie Shawna Coronado, Devon Young, Tara Nolan und Niki Jabbour unterstützten mich und die Fotografen Susan Goble, Crystal Allen und Michael Rose lichteten mich an meinem liebsten Ort ab. Elisabeth, Bill und Marie, meine größten Fans, sind immer für mich da, sie regen meine Kreativität an, unterstützen mich nach Kräften und kaufen meine Bücher, um sie zu verschenken.

Auch meinen Freunden von Garden Therapy bin ich dankbar: Sie haben viel Zeit investiert, meine Texte gelesen und ihre Gedanken auf meiner Homepage hinterlassen, damit die Gemeinschaft von ihren Erfahrungen lernen kann. Nicht zuletzt möchte ich ein riesiges Dankeschön aussprechen, dass Sie dieses Buch gekauft oder ausgeliehen haben. Ich hoffe, es hat Ihnen gefallen – wenn ja, erzählen Sie Ihren Freunden davon oder verschenken Sie es. Verbreiten Sie die Kunde von der Schönheit und des Zaubers, die dem Gärtnern innewohnen, damit wir alle mit Freude von Pflanzen lernen können.

Die Autorin

Stephanie Rose ist freischaffende Autorin, leitet Fortbildungen und hält Vorträge. Ihr Ziel ist es, Heilung und Wohlbefinden durch die Arbeit im Garten zu unterstützen. Sie ist gleichzeitig lebenslange Studentin und Lehrerin in ökologischem Gärtnern, Permakultur, Kräuterkunde und der Herstellung natürlicher Hautpflegeprodukte. Sie hat mehrere Zertifikate in Permakultur und Kräuterkunde erworben und ist Mitglied von Permaculture Institute of North America, Garden Communicators International und der International Herb Association. Als Vancouver Master Gardener entwickelt sie ehrenamtlich Gärten für Kinder.

Stephanie Rose hat die Internetplattform www.GardenTherapy.ca gegründet. Mehrere Bücher sind bereits erschienen, darunter *Home Apothecary* (Leisure Arts 2018), *The Natural Beauty Recipe Book* (Rose Garden Press 2016) und *Garden Made: A Year of Seasonal Projects to Beautify Your Garden and Your Life* (Roost Books 2015). Die Autorin lebt in Vancouver, Kanada, wo sie ihre Zeit mit Schreiben, Gärtnern und Fotografieren verbringt. Themen wie naturnahe Gärten, Naturheilkunde und Kunst begeistern sie. Stephanie Rose lebt mit ihrer Familie und einer bunten Bande von Tieren, die ihr eine Quelle der Inspiration und Freude sind.

Stephanie Rose in ihrem Garten in Vancouver.

Besuchen Sie die Autorin auf www.GardenTherapy.ca.

Register